EMIL SZITTYA

TRÄUME AUS DEM KRIEG

VORBEMERKUNG

UNSER LEBEN WIRD HEUTE *in allen Bereichen mit astronomischen Einheiten gemessen. Man fabriziert elephantische Genies, und die Geschäftsleute jonglieren mit so gigantischen Ziffern, daß diese schon wiederum abstrakt werden. Ist das nun gut oder ist es schlecht? Wer kann das wissen? Gegen solche Stürme kann man nicht anpusten, aber von Zeit zu Zeit gewinnt das alte romantische Spiel Macht über uns, und wir träumen. Es ist möglich, daß unsere Träume nur Kleinigkeiten sind. Aber es sind eben jene Kleinigkeiten, aus denen man die prähistorischen Barrikaden gegen die Bedrohung eines aus den Fugen geratenen Lebens errichtet.*

Die Menschen von gestern bewegen sich mit dem Gang von Schauspielern in Melodramen, und sie haben genug davon, ihre Erinnerungen wiederzukäuen. Darum ziehen sie es vor, die wahren Bilder ihres Ichs zu verbergen.

Die Jugend badet in der erschlaffenden Atmosphäre des Nach-uns-die-Sintflut. *Sie denkt an nichts anderes als an ihr Vergnügen und hat sich ein schickes Menu zusammengestellt, unausgegorene Lieder in der Sauce des* roman noir, *gewürzt mit dem Sadismus der Amateur-Psychoanalytiker. Es lebe das Leben! Es rollt, es fließt, es stinkt wie das Straßenpflaster, aber es enthält das Leben über den vergehenden Tag hinweg.*

Damit sind wir bei einem Kriegsroman neuen Genres. Ein Roman von jener Art, welche nicht zu den angenehmen Geschenken gerechnet werden kann. Er führt nämlich zu jener Aktualität zurück, welche die Menschen von gestern so angestrengt zu vergessen bemüht sind, damit sie fischen gehen können, damit das Boulespiel weitergeht, damit man der nächsten Flasche den Hals brechen und die Hammelkeule in Angriff nehmen kann mit dem Schlachtruf: Nieder mit allem, was nach Politik aussieht.

Eine gewisse Jugend schreit aus vollen Lungen: Laßt uns doch mit der Zukunft in Ruhe! Und sprecht uns vor allem nicht von Märtyrerdramen. Es geht doch ohnedies alles so schnell. Wir haben genug von jenen alten Herren, die ihre Bäuche einziehen und ihre Bärte verbergen möchten. Und die Generation, die nach uns kommt, ist uns erst recht egal. Das Einzige, was uns wirklich interessiert, ist, uns zu amüsieren, immer mehr und immer gekonnter.

Leider aber gewinnen die Kriegsromane eine geradezu dringliche Aktualität, dringlicher vielleicht als jemals zuvor. Man stürzt dem eigenen Untergang entgegen – mit einer geradezu unvorstellbaren Geschwindigkeit. Ist es da nicht eine Pflicht, vor dem Abgrund zu warnen, der sich drohend vor uns öffnet? Die Menschen von gestern sagen heuchlerisch: Wir wissen schon viel zuviel vom Krieg. Und unsere jungen Leute haben es nicht nötig, sich über den nächsten zu informieren.

Die meisten Kriegsromane beschränken sich darauf, einige exemplarische Schicksale aus der Fülle der Ereignisse herauszuziehen. Sie überliefern uns die Oberfläche des Übels, wie es auf einige Individuen zugekommen ist, bleiben aber umso sturer hinsichtlich des Ganzen, so daß man sich fragen muß: Was ist in jener Zeit eigentlich in den Gehirnen der Menschen vor sich gegangen, als sie schliefen?

Ich bin von einer beinahe krankhaften Sucht besessen, Fakten über die verschiedenen Aspekte des täglichen Lebens zu sammeln. Daraus haben sich nicht selten recht kuriose Reportagen ergeben. Zwischen 1936 und 1946 habe ich Menschen aller Art: Kinder, Greise, Arbeiter, Bauern und Intellektuelle gefragt, was sie denn eigentlich träumten. Diese indiskrete Umfrage, die mit Psychoanalyse nichts zu tun hatte, verfolgte den geheimen Zweck, zu erfahren, was diese Menschen vom Krieg und von der Résistance dachten, während sie schliefen. Und die Bilder, die ich gesammelt habe, ergeben einen Kriegsroman neuer Art.

Die Menschen lebten sechs Jahre lang in einem Gefängnis voll von Dünsten und Gestank, und ich habe versucht, diesen Kerker aufzuschließen. Und so begann mein Roman:

Es war in Limoges, am 15. Juni 1940. Wir drängten uns nach der großen Flucht in den Räumen eines Gymnasiums, das als Auffangstelle diente. Es regnete, wie so oft in Limoges. Ich hatte mich auf einem Strohsack ausgestreckt, von dem ein fauliger Geruch aufstieg. Ich beobachtete einen Mann, dem die Erregung ins Gesicht geschrieben stand, wie er eine Zeitung zerriß und die kleinen Papierfetzen wie Konfetti vor sich auf den Boden warf. Nachdem ich lange gezaudert hatte, wagte ich die Frage, ob es schlechte Träume seien, die ihm seinen tragischen Gesichtsausdruck eingebracht hätten. Er wollte mir zwar nichts von seinen Träumen erzählen, aber ich gewann die Überzeugung, daß er vor ihnen Angst hatte. Er sagte mit einer etwas zittrigen und doch auch verächtlichen Sprechweise:

»Ich kann die Leute nicht ausstehen, die einen beschnuppern und sich in der Psychoanalyse versuchen!«

Er sah mich mißtrauisch an und setzte hinzu:

»Scheiße! Man wagt gar nicht mehr zu schlafen. Man reißt sich mit letzter Kraft aus dem Schlaf, nur damit einen die Träume nicht verzehren!«

Er wandte mir den Rücken zu und setzte das Gespräch als Monolog fort:

»Träume – das sind keine Gedichte. Das sind manchmal Kröten, und sie führen uns in den Abgrund. Ah – was für Bilder! Sie verfolgen einen den ganzen Tag lang, Schritt für Schritt, und wenn man dann einschläft, gehen sie über einen hinweg, wie trockener Wüstenwind. Und alles Übel, das sie einem antun, packt uns an der Gurgel! Die kalten und nackten Mauern des Elends, bedeckt mit bizarren und grausamen Zeichen – sie stoßen uns hinab ins Unfaßbare!«

Er spuckte auf den Strohsack und fuhr fort:

»Es wundert mich, daß ich nicht jeden Morgen einen ganzen Berg von Leichen auf diesem stinkenden Strohlager finde, Leute, die an ihrer Angst krepiert sind.«

Dann wandte er sich mir zu und sagte beinahe anklagend:

»Während dieser irren Nächte höre ich manchmal die entsetzlichsten Schreie. Aber die Alpträume schlucken auch diese Schreie!«

Ich konnte diesem Mann nichts antworten, aber ich begann, mich für Träume zu interessieren, und wenn ich heute die ganze merkwürdige Reportage noch einmal lese, wird mir klar, daß ich ein unbekanntes Kapitel aus Krieg und Résistance aufgezeichnet habe.

Darüber sollte niemand lachen. Ich bin fest überzeugt, daß man das Bewußte nicht vom Unbewußten trennen kann, sie formen gemeinsam ein Ganzes. Schade nur, daß es keine Möglichkeit gibt, Träume zu photographieren, sie sind nämlich ein getreuer Spiegel des Lebens. Sie haben sich abgelöst von unserem traurig-gezähmten Alltag und den Konventionen des Bewußtseins. Manchmal, wenn ich einen Traum angehört habe, widerfuhr es mir, mehr oder minder abstrakte Bilder danach zu malen. Leider blieb ich weit davon entfernt, eine Transkription dieser anderen Wirklichkeit zu geben, aber ich bin sicher, daß Picasso und Klee viel auf diesem Gebiet gearbeitet haben – mehr vielleicht als Freud, der die Träume korri-

giert, indem er sie als Symptome oder gar als die Ursachen von Krankheiten ansieht. Picasso und Klee haben über die Träume nicht reflektiert, sondern sie als den unverfälschten bildlichen Ausdruck unserer Gedanken aufgezeichnet.

Es ist denkbar, daß die Träume, die aufzuzeichnen mir gelungen ist, Metaphysikern, Psychoanalytikern oder den Autoren des roman noir *Material für ihre Überlegungen liefern. Sicherlich wird man sogar Bezüge zum Surrealismus in ihnen entdecken und zu der Art, in der Kafka schrieb. Umso besser für den, der alle diese Mysterien gesammelt hat – denn mich selbst geht es nichts mehr an. Ich widersetze mich dieser Art von Spielen. Ich habe diese Träume absichtlich in einer Art Rohzustand überliefert, weil ich behaupte, ich hätte nicht das Recht, sie zu analysieren oder den Versuch einer Erklärung zu machen. Ich will gar nicht den Anschein erwecken, als urteilte oder kritisierte ich das, was diese tragische Periode von sechs Jahren Dauer uns gebracht hat. Ich versuche lediglich, ein Dossier beizusteuern – Dokumente zur Sittengeschichte unserer Tage.*

GOETHE HAT SICH GEIRRT

Während des Krieges war der Wind ein besonderer Gegenstand zahlreicher Träume. Es war wohl 1943, daß ich eine Reihe junger deutscher Offiziere beobachtete, die in einem Café in Valence diskutierten. Einer sah aus, als wäre er homosexuell, er trug ein silbernes Kettchen am Handgelenk und sagte verächtlich:

»Das alles ist eigentlich nur jüdische Kunst!«

Ich erhob mich und ging, denn es war damals nicht geraten, deutsche Offiziere bei ihren Gesprächen zu belauschen.

Im Museum von Valence zeigte man damals eine Ausstellung von Bildern Rouaults, und zu meinem Erstaunen begegnete ich dort einem jener Offiziere. Er ging langsam von einem Aquarell zum anderen und studierte jedes Bild ganz genau, als wolle er auf diese Weise den Sinn dieser Kunst entdecken. Hin und wieder schüttelte er den Kopf und sagte halblaut ein paar Worte vor sich hin.

Ich ließ mich auf einer Bank nieder und sah mir den Offizier genauer an. Plötzlich bemerkte er, daß er beobachtet werde. Er setzte sich hart neben mich und flüsterte mir zu:

»Sie staunen wohl, daß die Deutschen noch auf der Suche nach Träumen sind? Ich bin im Zivilberuf Maler, und ich studiere diese Bilder, um herauszufinden, warum sie mir nicht gefallen!«

Da fiel mir die Unterhaltung der Herren im Café ein und ich antwortete:

»Vielleicht sind Sie der Meinung, daß es sich dabei um jüdische Kunst handle?«

Er sah mich argwöhnisch an, blickte sich dann um, um sicher zu gehen, daß uns niemand belausche, und flüsterte schließlich:

»Vielleicht haben Sie recht, wenn Sie alle Deutschen in einen Topf werfen. Ich bin zweifellos nicht besser als andere. Aber eines können Sie mir glauben: um diese ganzen jüdischen Geschichten wird viel zuviel Wind gemacht!«

Er mußte sich im Museum von Valence ziemlich gut auskennen, denn er bat mich, mit ihm in das zweite Stockwerk hinaufzusteigen, wo sich kaum jemals Besucher aufhielten: Dort könnten wir ungestört miteinander sprechen. Wie sehr viele deutsche Soldaten empfand auch er das Bedürfnis, sich mitzuteilen, sich jemandem anzuvertrauen. Wir setzten uns auf eine der kleinen Bänke, und er begann:

»Sie wissen vielleicht, daß Goethe irgendwo geschrieben hat, die Deutschen wären, wenn sie sich vereinigten, eine ungeheure Gefahr für die ganze Welt. In alle vier Winde verstreut, seien sie jedoch eher das Salz der Erde. Ich weiß so gut wie Sie, daß Rouault kein Jude ist und daß seine Kunst nichts Jüdisches an sich hat. Seine Gemälde und was sie darstellen, das erinnert mich an die alten Glasmalereien deutscher Kirchenfenster. Es heißt, Rouault sei in seinen Anfängen Anarchist gewesen. Das stört mich nicht. Auch wir Deutschen, selbst jene durchschnittlichen Gusses, bleiben im Grunde Anarchisten. Was mich bei Rouault stört, ist die viele Luft in seiner Malerei, er macht Wind, sie ist nicht authentisch, und wir Deutschen sind es auch nicht. Es gibt in diesen Bildern eine Art gleichförmiger, uniformierter Religiosität – das ist es, wenn ich sage: Zuviel Wind!«

Ich wandte schüchtern ein:

»Entschuldigen Sie bitte, aber ich habe den Eindruck, Sie haben um diesen Begriff Wind ein ganzes philosophisches System aufgebaut!«

Er erkundigte sich, ob ich Maler sei, und ich bejahte, um weitere Fragen nach meinen Verhältnissen abzuwehren. Darauf fuhr er fort;

»Das Wort Wind hat für mich eine eigene Geschichte, es ist vielleicht wirklich eine Art Philosophie, und sie ist aus meinen Träumen gestiegen. Es gab da einen Traum, der mir sagt, daß Goethe sich mit diesem Wort über die Deutschen geirrt hat.«

»Ein Maler«, sagte ich, »ist immer auch ein wenig ein Dichter. Würden Sie mir Ihren Traum erzählen?«

Er fragte lächelnd:

»Verursachen Ihnen solche Bekenntnisse nicht Magenschmerzen?«

Er wartete aber meine Antwort gar nicht ab, sondern fuhr fort:

»Es war zu Beginn des Krieges; ich war in Paris und las zum ersten Mal jene Meinung Goethes über die Deutschen. Ich war, wie man so sagt, fortschrittlich eingestellt und fand, daß an dem Wort etwas Wahres sei. Eines Nachts aber hatte ich den folgenden Traum:

Der Chef einer Plakatwerbefirma hatte sich einen Fischschwanz unter die Nase geklebt, und während man ihn von allen Seiten photographierte, stieß er seine Werberufe aus. Er hatte einen riesigen Frauenbauch, in den das ganze Deutschland eingepaßt war. Der Werbechef ließ diesen Bauch befruchten, und das Kind, das herauskam, war ich. Er ließ den Befruchtungsvorgang aus allen Blickwinkeln photographieren und veröffentlichte die Aufnahmen in allen Zeitungen der Welt. Dazu bellte er wie ein wütender Hund: Ich möchte die Wurzeln der Welt fressen!

Während dieses Gebells verwandelte sich das ganze Deutschland in einen Sargwagen, ein Bestattungsfahrzeug, dessen Chauffeur ich war, und ich hatte das Gesicht Goethes. Alle Deutschen, die ins Ausland reisen, haben das Gesicht Goethes. Ich war zu einem Pillenhändler geworden, und auf jeder Pille stand geschrieben:

›Die Erneuerung der Welt wird durch Deutschland bewirkt werden.‹

Ich war mit meinem Sargwagen vor einer Bäckerei angelangt und wollte die hübsche Bäckerin veranlassen, mir Brot zu verkaufen. Aber auch sie verkaufte nichts anderes als Pillen. Eine Kolonne Soldaten marschierte schnell durch das Dorf, und im gleichen Augenblick verschwanden alle Blumen in den Vorgärten der Häuser, damit sie nicht zu Pillen werden müßten. Ich machte den Versuch, den durchmarschierenden Soldaten Pillen zu verkaufen, aber sie spuckten vor Ekel aus und riefen mir zu:

›Wir wollen Brot und nicht deine Pillen, denn die sind nur aus Wind. Wir sind selbst nichts anderes als Pillen!‹

Ich sah mich im Spiegel und stellte fest, daß mein Goethe-Gesicht verschwunden sei. Ich selbst war zur Pille geworden. Ich zerdrückte einige hundert jener Pillen, die Goethe in der ganzen Welt hatte verteilen wollen, um ihre Erneuerung zu fördern, und sah zu meinem Schrecken, daß sie nichts anderes enthielten als Wind. Dieser Wind heulte wie vordem der Mann mit dem Fischschwanz unter der Nase. Ich hatte Angst, mich selbst zu zerbrechen wie die anderen Pillen. Ich weiß nicht, wieso ich mich plötzlich in Texas befand, wo gerade ein großes Pogrom gegen die Neger begann. Ich erkannte lediglich, daß ich mich in einem Cabaret befand, in einer Hurenspelunke. Ich trank und hatte dabei eine Dirne auf den Knien, eine alte und schmutzige Dirne. Sie gab sich alle erdenkliche Mühe, um das Verlangen nach irgendeinem Laster in mir zu erwecken, aber ich enthielt ja nur Wind, und der fegte alles hinweg, was auch nur im entferntesten nach Gefühl roch. Die Dirne zeigte mir eine Landkarte, um mir klar zu machen, in welchem Maße sich Deutschland vergrößert habe, und sie sagte mir, daß sie es sei, die jene Negerjagd leite. In diesem Augenblick wurde mir klar, daß sie nichts anderes war als ein Riesenstück Fett, das sich bereits auflöste.

Ich beklagte mich darüber, daß alle meine Brüder bereits das Eiserne Kreuz besäßen, während es der Führer mir noch immer nicht verliehen habe. Dabei hatte er doch die Photographien von meinem großen Befruchtungsvorgang veröffentlicht.

Die alte Dirne rief mit einem ekelerregenden Lachen:

›Mach dir nichts draus, du kriegst dafür ein Kreuz aus Holz!‹

Danach bemerkte ich, daß selbst die Deutschen, die über die ganze Welt verteilt waren, nichts anderes waren als Wind, denn selbst wenn sie Anarchisten waren, so trugen sie doch ein Hundehalsband.

Die Dirne schrie weiter:

›Herr Meyer, dein Vater, hat den Fischschwanz unter der Nase, und er ist nichts anderes als ein ordinärer Jahrmarktszauberer!‹

Während die alte Dirne sich in einen Spiegel verwandelte, fielen Bomben auf das Lokal. Wir krochen bis zum Eingang eines Kellers, wo die Huren erstaunlich große Mäuler aufrissen. Man hörte nun wieder den Wind, wie er heulte:

›Die Erneuerung der Welt wird durch Deutschland vollzogen!‹«

Der junge deutsche Offizier schwieg. Erst nach einer ganzen Weile fuhr er fort:

»Sollte ich fallen, so möchte ich in einem kleinen, sonnigen Fischerdorf begraben werden. Sollte ich aber diesen schrecklichen Krieg überleben, so möchte ich imstande sein, meine Träume aus dem Krieg zu malen.«

Er stand brüsk auf, war auf einmal wieder der unnahbar-korrekte deutsche Offizier und ging, ohne sich von mir zu verabschieden.

MONSIEUR ...

MONSIEUR ... AUS TOULOUSE war ein intelligenter und sympathischer Mensch. Er bezeichnete sich als den Direktor eines Elektrizitätswerkes und bekannte, er sei Sozialist seit seiner Jugend. Seine Frau hatte einen kleinen Gemischtwarenladen. Im Jahr 1939, dem Jahr der Auflösung der Kommunistischen Partei, hatte er einen sehr seltsamen Traum, den er nie vergessen konnte:

Er sah im Traum einen Kameraden seiner Gruppe, einen, der sich stets als besonders eifriger Revolutionär gebärdet hatte. Der nahm eine kleine Schachtel aus seinem Gehirn. In sie war sein größter Wunsch, sein heißestes Begehren eingeschlossen. Dies holte er nun aus der Schachtel heraus, und er begann, seinen Wunsch zu streicheln. Monsieur ... sah, daß sein Freund den Wunsch hatte, Ratspräsident zu werden. Der liebkoste seinen Herzenswunsch und sang dazu:

»Ich bin ein Stück Dreck. Ich wollte mein Fett verkaufen, aber niemand will meinen Dreck!«

Plötzlich wurde sein Genosse tatsächlich Ratspräsident. Er sang auch nicht mehr, sondern hielt eine bedeutende Rede, mit der er irgendetwas verteidigen wollte. Monsieur ... fragte ihn:

»Woher hast du diese prachtvolle Beredsamkeit?«

Der andere antwortete nicht, sondern führte ihn in ein Geheimkabinett, in dem sich eine ganze große Sammlung von Spielzeugpuppen befand. Sie waren elastisch-weich, sagten A und B und konnten die Augen schließen. Der Ratspräsident sagte:

»Wenn ich Zahnweh habe, muß ich eine Rede halten. Ich öffne dann die Leiber einiger Puppen, schaue nach, was sich darin befindet – und daraus fabriziere ich dann meine Ansprachen.«

WEIHNACHTEN 1939

Er zählte etwa sechzig Jahre und war darum nicht mehr einberufen worden. Er war Arzt in Paris, ein Rationalist von reinstem Wasser und ein Feind jeglicher Metaphysik. Er sagte mir eines Tages:

»Die Traumdeutung von Sigmund Freud ist purste Scharlatanerie. Man träumt doch in erster Linie, wenn die Verdauung nicht in Ordnung ist oder wenn man Gase im Bauch hat.«

Er hatte aus dem Ersten Weltkrieg einen Tumor im Magenbereich mit nach Hause gebracht und hatte einen wilden Haß auf den Krieg überhaupt. Seit Beginn des Zweiten Weltkriegs hatte er sehr häufig Angstträume. Zu Weihnachten 1939 wurde er sehr krank, und ich stattete ihm einen Besuch ab. Er sagte zu mir:

»Sie wissen, daß ich einen kleinen Jungen habe, den ich sehr liebe. Wir haben den Kleinen in den Süden geschickt, zu Freunden, und darum haben wir gar nicht Weihnachten gefeiert. Ich bin Atheist und Epikuräer. Zu Weihnachten aber werde ich sentimental wie ein Kleinbürger. Und bei diesem Weihnachtsfest, ohne meinen Jungen und ohne den Christbaum, bin ich eben fürchterlich traurig. Sie finden das sicher komisch, stimmt's?«

Ich antwortete nicht, und der Arzt fuhr fort:

»Wir waren bei Freunden eingeladen, Belgiern,

die uns eine wahrhaft pantagruelische Mahlzeit vorsetzten. Wir haben überreichlich gegessen und getrunken, und obwohl ich an reichliche Mahlzeiten gewöhnt bin, fühlte ich mich nicht sehr wohl. Irgend etwas fehlte mir. Wir kehrten spät heim, meine Frau und ich, und waren beide in schlechter Stimmung. Ich fand keine Ruhe im Bett, und als der Schlaf endlich doch die Oberhand gewann, hatte ich einen schrecklichen Traum:

Ich ging auf Wegen, die keine waren. Ich suchte nach meinem Kind. Die Luft war stickig, und ich wiederholte mir immer: Aber es ist doch Dezember! Durch ein Glashaus sah ich rötliches Licht aufsteigen, aus dem hin und wieder Flammen schlugen. Ich suchte nach meinem Kind wie ein Besessener und hatte dabei Angst, meinen Weg zu verfehlen. Zugleich fühlte ich, daß mich ein hungriger Wolf mit seinen Blicken verfolgte. Er heulte und wollte mir den Weg versperren. Über mir vernahm ich das Brummen von Flugzeugen, die mit winzigen Bomben nach meinen Augen zielten. Krankenträger mit ihrer Bahre kreuzten meinen Weg, sahen mich aber nicht. Ich stand auf einmal vor einem Ameisenhaufen. Ich hatte stets tiefen Widerwillen gegen Ameisen empfunden. Der Eingang in den Ameisenhaufen glich einem Spiegel. Ich begriff nicht, wie ich in sein Inneres gelangen konnte, befand mich aber plötzlich auf einer Stiege, die fahlblau erleuchtet war, als scheine das Licht durch den Nebel. Die Stiege wand sich hinauf zu Festungen mit gepanzerten Wänden. Als ich höher stieg, wurde die Stiege zur Strickleiter. In diesem Augenblick mußte ich an Pfingsten denken. Irgendwie sehr fern hatte ich noch immer das Gefühl, ein Kind zu suchen, aber ich wußte nicht mehr, ob es das meine sei. Eigene Kindheitserinnerungen meldeten sich, sie waren in mir lebendig wie das Ticktack einer Uhr aus Platin. Warum aus Platin, wußte ich nicht.«

Der Traum des Arztes erschreckte mich, aber ich hatte nicht den Mut, ihn zu unterbrechen, und er fuhr fort:

»Ich wollte diesen Weg verlassen und mich entfernen, aber auf einmal sah ich eine Friedhofsmauer, und sie war unendlich lang. Überall vernahm man die chaotischen Geräusche von Kriegsschiffen im Kampf, und das Meer, ein zähes und klebriges Meer aus Schleim, schrie:

›Wir fressen, wir fressen!‹

Ein Priester hypnotisierte uns über die Strickleiter hinweg, und hinter einer Türe hörte ich flüsternde Stimmen:

›Wir auch, wir wollen auch fressen!‹

Ich brach die Türe auf, aber dahinter war nichts anderes als eine kleine Planke von fünf Zentimetern Breite und fünf Zentimetern Länge. Und ich befand mich auf diesem winzigen Brettchen, das unter meinem Gewicht nachzugeben drohte. Über mir war das Meer. Ich war von beängstigender Stille umgeben und sah nichts anderes als die torpedierten Schiffe, die dahintrieben wie menschliche Leichname.

Irgend etwas sagte mir:

›Aber du bist nicht das einzige Kind deiner Mutter, denn du bist ein Schornsteinfeger.‹«

Ich hätte die Erzählung des Arztes gern unterbrochen, aber er sprach wie unter einem Zwang weiter:

»Ich suchte nach einem Fluchtweg, aber der Himmel war verschwunden. Ich sah nichts anderes als Flugzeuge, die gleichsam aneinanderklebten und mit Maschinengewehren aufeinander schossen. Ich fragte mich:

›Wird auch mein Kind häßlich sein?‹

Die Flugzeuge bildeten ein Labyrinth aus Spiegeln, in dem keiner mehr irgend etwas reflektieren konnte. Was mich aber am meisten ängstigte, war, daß inmitten von all dem ein Gewitter heraufzog. Ich hatte Angst vor diesem Gewitter, und ich hörte rufen:

›Wir sind keine Deutschen, wir sind keine Franzosen, wir sind keine Italiener, wir sind keine Engländer, wir wollten nur gut essen!‹

Ich wollte mich in die Festung mit ihren gepanzerten Wänden retten, aber die Tore verschwanden, und alle riefen:

›Das alles ist die Schuld von Eva!‹

In diesem Augenblick brach das ungeheure Meer über mich herein, und die dichtgedrängten Flugzeuge zerdrückten mir die Brust wie die zwölf Schläge der mitternächtlichen Stunde. Als ich erwachte, war ich in Schweiß gebadet.«

DIE KLEINEN SEELEN

Ein schweizer Maler, eine sehr sensible Natur, lebte bis 1940 in Paris. Zu Beginn des Krieges erzählte er uns den folgenden Traum:

»Millionen kleiner Seelen vergnügten sich wie bunte Schmetterlinge in einer Landschaft. Sie sangen dazu ein Schweizer Liedchen, ein sehr fröhliches kleines Lied. Nie zuvor hatte ich in meinem Land ein so heiteres Lied gehört. Plötzlich sah ich jedoch Roboter, die Keulen oder Knüppel schwangen und auf die kleinen Seelen Jagd machten. Sie fletschten fürchterlich anzusehende Zähne und injizierten mit Hilfe von Nadeln den kleinen Seelen Worte aus den Zeitungen. Kaum hatten die Seelen die Nadeln im Körper, so gewannen sie ein männliches Aussehen und begannen untereinander zu kämpfen. Wenn sie fielen, sammelten die Roboter sie auf, wobei sie Späße machten, und verzehrten die kleinen Seelen genüßlich. Dabei entstand der Lärm von Kristallglas, das zerbrochen wird.«

DER TRAUM EINES PHILOSOPHEN

Ein Philosoph von etwa siebzig Jahren, ein Mann, der einige Studien über Kant geschrieben und zahlreiche Werke aus dem Spanischen und Russischen übersetzt hatte, ein erprobter Demokrat seit seiner Jugend, erzählte uns im März 1940 den folgenden Traum:

»Ich schämte mich in meinem Traum, weil ich zu alt war, um noch einberufen zu werden. Ich war mit einem Mal in einen alten fauligen Lehnsessel verwandelt, der wurmstichig war und nicht mehr fest auf seinen Beinen stand. Man hatte mich in ein kleines, dunkles Zimmer gestellt. Es gab so gut wie keine Luft, und ich drohte zu ersticken. Mit äußerster Anstrengung gelangte ich ans Fenster, es dauerte viele Stunden, und dann stürzte ich mich aus dem vierten Stockwerk. Es war am Morgen, gegen fünf Uhr. Die Stadtstreicher stocherten noch in den Abfalleimern herum. Sie sahen mich verächtlich an und gaben mir Fußtritte.«

DAS HUNDEHALSBAND

Er lebte in Paris, schon seit 1928, aber niemand wußte zu sagen, wer er war. Er kannte alle Berühmtheiten der Welt oder behauptete es zumindest. Man durfte sicher sein, ihn stets dort zu finden, wo etwas los war, denn er wußte über alles Bescheid. Er organisierte mit großem Aufwand Ausstellungen in Paris, bei denen die Bilder ausländischer Maler gezeigt wurden. Nach 1933 fand man ihn dann in so gut wie allen Redaktionen. War er ein Journalist? Er organisierte Rundfragen und interviewte bekannte Persönlichkeiten, vor allem aus Deutschland. Er war sehr unterhaltsam, und man empfand stets das größte Vergnügen dabei ihm zuzuhören.

Zu Beginn des Krieges wurde er plötzlich eine wichtige Persönlichkeit. Das Gerücht verbreitete sich, daß er in der Normandie ausgedehnte Besitzungen erworben habe, aber niemand wußte, woher er das Geld hatte. Er war gesehen worden, wie er französische Konzentrationslager besichtigte, in denen verdächtige Ausländer interniert worden waren. Böse Zungen behaupteten sogar, er habe die Listen politischer Flüchtlinge aus Deutschland aufgestellt, ehe die Betroffenen nach Vernet und in andere Lager kamen.

Als die Deutschen Frankreich eroberten, wurde Paris evakuiert, und er floh nach Marseille. Er wurde in einem Lager interniert, in dem er sich später umbrachte. Es hieß, er sei ein deutscher Spion gewesen. Da er vor dem Krieg auch für Frankreich tätig gewesen sei, habe er die Rache der Deutschen gefürchtet und ihnen zuvorkommen wollen.

Kurz vor seinem Selbstmord erzählte er den folgenden Traum:

»Ich nahm an einem Wettbewerb teil, in dem es darum ging, den geschicktesten Mann des Landes zu ermitteln. Alle Teilnehmer waren auf einer Estrade versammelt, als gehe es um die Wahl der Schönheitskönigin auf einem Dorffest. Ich selbst stand auch auf dieser Bühne und war der Schönste von allen. Ich sah aus wie Adonis und lächelte mit dem Charme eines Aufreißers vom Montmartre. Meine Konkurrenten hingegen wirkten alle mickrig, ja verkrüppelt. Sie trugen große Schnurrbärte wie die Detektive der Jahrhundertwende. Die Jury bestand aus Damen einer etwas seltsamen Spezies: Sie sahen alle aus wie Puffmütter, aber von teuren Etablissements, und jede von ihnen war mit den verschiedensten Juwelen geschmückt. Eine von ihnen trug ihre weißen Haare kurz geschnitten, wie ein Garçonne, und ihr Schmuck war der einer Negerin.

Ich weiß nicht, auf welche Weise die Wahl vor sich ging, aber plötzlich stand der Sieger fest. Man verlieh ihm eine Auszeichnung, und zwar ein Hundehalsband, das man ihm um den Hals legte. Der Gewählte war außerordentlich dick. Sein Bauch hing so stark nach vorne und zu Boden, daß er ihn nur auf kleinen Röllchen vor sich herschieben konnte, und zu allem Überfluß hinkte er auch noch. Ich war außer mir vor Wut. Ich sprang auf den Mann zu, entriß ihm das Hundehalsband und legte es mir selbst um. Dann spazierte ich auf und ab wie einer jener Hunde, die Walt Disney gezeichnet hat, und *machte Männchen* vor den Damen.«

DIE GRENZEN

Dieser Traum stammt aus den Anfängen des Krieges, ein berühmter griechischer Romancier hat ihn uns erzählt:

»Ich befand mich in einem Theater, wo sonst. Welches Stück gegeben wurde, weiß ich nicht mehr. Auf der Bühne sah man keine Schauspieler, sondern nur Henkersknechte. In der Mitte erhob sich ein großer Stein; der diente als Richtblock, auf ihm trennten die Henker die Köpfe von den Rümpfen – mit Äxten. Die geschicktesten unter ihnen wurden zu Ministern ernannt.

Plötzlich zerrte man meine Frau auf die Bühne, um sie zu enthaupten. Ich schrie laut auf und wollte zu ihr auf die Bühne eilen, aber jede Stuhlreihe im Theater war zugleich eine Landesgrenze, und militärische Grenzposten verlangten von mir den Paß. Zu meinem Entsetzen stellte ich fest, daß ich niemals einen besessen hatte.«

DER BILDERSAMMLER

Zu anfang des krieges, in Toulouse, trafen wir einen kleinen, unscheinbaren Mann. Er war ein Bildersammler und einer der feinsten Kenner der Malerei unserer Epoche. Er sammelte seit fünfzig Jahren. Dieses alte Männchen kümmerte sich weniger um die Toten des Krieges als um die Sicherheit seiner Sammlung. Er sagte uns immer wieder in seiner weinerlichen Sprechweise:

»Ich habe Angst um meine Bilder. Ich weiß nicht, wo ich sie verstecken könnte. Sie sind die einzige Liebe meines Lebens.«

Eines Tages erzählte er uns dann den folgenden Traum:

»Ich wohnte auf einem Hügel (in Wahrheit lebte er in einem Gäßchen von Saint-Germain-des-Prés) und hatte drei faulige Birnen in der Tasche. Bei jedem Schritt fürchtete ich, daß der Hügelgrund unter mir einbrechen würde. Ich fragte mich, ob diese drei verfaulten Birnen nicht zu schwer seien für diesen Hügel. Plötzlich sah ich vor mir das berühmteste Bild meiner Sammlung, den *14. Juli* von Henri Rousseau (ein Bild, das er in Wahrheit schon seit 30 Jahren nicht mehr besaß). Ich stellte mich schlafend, um dieses Bild vor den Dieben zu schützen. Meine Kehle war trocken, und ich brachte keinen Ton heraus, als plötzlich etwas aus dem Bild herauskam: der verschmutzte Stiefel eines Soldaten. In dem Stiefel stak aber kein Fuß. Ein kleiner Vogel äugte mich mitleidig an, und der Stiefel schrie mir ins Ohr:

›Du verteidigst ganz vergeblich den Geist und die Schönheit. Das sind alles verfaulte, stinkende Formeln aus dem Haus, das du bewohnst. Ich für meine Person, ich werde deinen Rousseau zum Frühstück verzehren!‹

Ich hatte zuviel Angst, um zu antworten. Der Stiefel begann, die sommerlichen Motive des Bildes zu verschlingen, und riß dann alle Fahnen heraus, mit denen man den 14. Juli feierte, und klebte sie sich an die Ferse. Es war ein furchtbares Schauspiel. Die Menschen, die fröhlich getanzt hatten, warfen mir traurige Blicke zu. Irgend etwas brutzelte in einer Pfanne, und das Wort *bizarr* kam mir auf die Lippen. Ich hatte keine Ahnung, was dies alles bedeuten sollte. Die Tänzer auf dem Bild sangen mit mir. Der Stiefel wurde ärgerlich und brummte:

›Ach!‹*

Und dieses *Ach* fiel in die Runde der Tänzer. Die Sonne und alle Fahnen der Welt kehrten in das Bild zurück und tanzten zu Ehren des 14. Juli.«

* Deutsch im Original (A. d. Ü.)

DER TRAUM EINES THEATERKRITIKERS

Er wurde einberufen und tat Dienst an der Maginot-Linie; aber einen Monat vor dem großen Debakel (bei welchem er von den Deutschen gefangengenommen wurde) war er in Paris und erzählte uns einen Traum. Er war ein junger, eleganter Mann, der für eine der größten Pariser Tageszeitungen Theaterkritiken schrieb. Er verkehrte in den gefragtesten Salons und kannte Paris bis in die seltsamsten und anrüchigsten Winkel. Die große Schauspielerin Cécile Sorel hegte eine besondere Vorliebe für ihn.

Dies ist nun sein Traum:

»Marlene Dietrich weilte in Paris, und man legte mir nahe, mit ihr und Mistinguett in die Rue de Lappe* tanzen zu gehen. Der Gedanke entzückte mich; ich wollte mich mit Marlene und Mistinguett photographieren lassen und benachrichtigte den Photoreporter unserer Zeitung. Ich streichelte meinen Smoking, ehe ich ihn anzog. Plötzlich hallte in meinem ganzen Körper ein schreckliches Getrommle wider. Ich bemerkte, daß meine Fingernägel schmutzig seien. Und ich dachte im gleichen Augenblick an Tunis, warum, weiß ich nicht.

* In der Rue de Lappe liegen typische, sehr volkstümliche Tanzlokale, in denen Musettewalzer, Tangos usw. getanzt werden (A. d. Ü.)

Ich lief schnell zu einem Friseur wegen der Maniküre, aber zu meiner größten Überraschung waren alle Frisiersalons der Stadt in Krankenstationen umgewandelt. Ich versuchte dennoch, eine Nagelpflege zu erhalten, aber es war vergeblich, ja meine Fingernägel hatten sich mit Blut bedeckt und rochen schlecht. Ich wurde von fürchterlicher Angst ergriffen: So konnte ich doch mit Marlene nicht tanzen! Das Getrommle entkam aus meinem Körper und lachte mich aus:

›Du Scheißkerl, weißt du denn nicht, daß die Dietrich eine *Boche* ist?‹«

DER SCHÖNSTE TRAUM

Er war ein bescheidener Maler, Vater von zwei sehr sympathischen Töchtern. Als die Deutschen Paris besetzten, verbarg er zwar seine Töchter, fand aber nicht mehr die Zeit, auch für seine eigene Sicherheit zu sorgen. Eines Nachts griff man ihn auf und brachte ihn nach Drancy. Dieser Mann war kein Held, und er interessierte sich nicht für Politik. Seine zwei Töchter und die Malerei hatten stets seinen ganzen Lebensinhalt gebildet.

Wir haben ihn nicht über Drancy ausgefragt, schließlich war über dieses Lager genug geschrieben worden. Aber wir interessierten uns für die Träume, die er während seiner Internierungszeit gehabt hatte. Nach unseren Fragen erhellte sich sein Gesicht, und er erzählte:

»In Drancy hatte ich den schönsten Traum meines Lebens!«

Ohne meinen erstaunten Blick zu bemerken, fuhr er fort:

»Ja, tatsächlich – und was das Merkwürdigste war: Ich hatte jede Nacht den selben Traum!«

Auf unser Bitten hin erzählte er ihn:

»Den ganzen Tag schmerzte mein Magen. Das hing nicht nur mit der schlechten Verpflegung zusammen. Ich litt auch unter den Gesichtern unserer Bewacher und der ständigen Angst, deportiert zu werden. Ich fragte mich immer wieder, ob ich denn meine Töchter jemals wiedersehen würde. Das einzige, was mich in Drancy ein wenig aufrichtete, das war die Nacht, die Schlafenszeit, denn ich wußte, daß mein Traum sich allabendlich einstellen würde. Es war ein ganz kurzer Traum und eigentlich sehr alltäglich, aber er war schön, wirklich schön. Man brachte mir einen riesengroßen Teller mit Nudeln, über die man Zucker gestreut hatte, ein wunderbar zubereitetes Gericht. Ich aß die Nudeln, aber es waren immer noch welche da. Ich ließ sie auf der Zunge zergehen, wie ein Gourmet ein kostbares Gericht, nur bin ich gar kein Feinschmecker. Den ganzen Tag über wartete ich auf den Abend, und in jeder dieser Nächte kehrte der gleiche Traum wieder. Er war die einzige Freude während meiner Internierungszeit.«

Der Maler schwieg eine kleine Weile. Wir warteten auf eine Fortsetzung, aber er war schon zu Ende und schloß mit den Worten:

»Das ist alles. Ich muß nur noch sagen, daß ich gezuckerte Nudeln ganz und gar nicht ausstehen kann. Ich habe sie nie essen mögen. Ich kann sie nicht einmal sehen. Und wenn man sie mir irgendwo vorsetzt, empfinde ich einen solchen Widerwillen, daß mir geradezu schwindlig wird.«

DER HELD

SEINE MUTTER war Bildhauerin, ihre religiösen Figurinen waren sehr bekannt geworden. Sein Vater war als Offizier im Ersten Weltkrieg gefallen. Er selbst war Flieger, ein Mann von außerordentlichem Mut, und hatte darum auch zahlreiche Auszeichnungen erhalten. Wir trafen ihn 1940 in Paris. Er war damals sechsundzwanzig Jahre alt, hatte einen traurigen Blick und sagte mit einem Anflug von Melancholie:

»Das Heldentum ist eine höchst merkwürdige Angelegenheit. Ich halte es für eine einzige Illusion, etwas Künstliches, Zurechtgemachtes. Denn im Grunde ist niemand ein Held, und wir haben alle Angst. Unsere Träume entschleiern uns diese Wahrheit: Wir sind keine Helden.«

Wir hatten ihm die folgende Frage gestellt:

»Sie aber, sie bleiben doch sicherlich auch in Ihren Träumen ein Held?«

Er antwortete mit einem bitteren Lächeln:

»In meinen Träumen bin ich ein Mensch, der sich in die Hosen macht!«

Und lachend fügte er hinzu:

»Ich will Ihnen einen Traum erzählen, den ich hatte, als ich tags zuvor im Frontbericht rühmend erwähnt worden war. Ich hatte im Traum eine Kindertrompete in der linken Hand, aber nicht, um damit zu spielen. Die Nacht gab mir ein Lineal in die Hand, das zeigte die Farben unserer Fahne, der Trikolore. Und ich hörte, wie meine Mutter rief:

›Uns fehlt eine Stimme in der Wüste, und diese Stimme, das sind die Dollars der Amerikaner!‹

Ich fühlte mich verlassen und unsicher. Die Vorstellung, ein Flugzeug zeichnen zu müssen, verursachte mir Unbehagen, ja sie machte mir sogar Angst. Diese Angst bewirkte es, daß meine Hose zu rutschen begann, und ich stand auf einmal meiner Verlobten nackt gegenüber. Ich schämte mich und lief davon.

›Wüßte ich, warum ich sterben soll‹, sagte ich zu mir, ›dann wäre es viel leichter für mich, ein Held zu sein.‹ Ich vernahm einen starken Lärm hinter den Drahtverhauen. Jemand bewegte dort eine Fackel hin und her. Jemand anderer verstreute rote Blumen über eine Wiese. Die Blumen wuchsen in einem geradezu verrückten Wachstum und wurden zu riesigen Pflanzen. Die Münder dieser Blumen spien eine stinkende Flüssigkeit aus. Warum sang man auf einmal die Weihnachtslieder mit soviel Haß? Die Nacht wollte mich zwingen, auf einen Motor zu klettern. Ich zählte meine vergeblichen Versuche, und so oft ich es auch unternahm, immer wieder fiel ich hinunter und in ein tiefes Loch. Dann stand auf einmal eine Mühle vor mir. Ich empfand solche Angst, daß ich sogar meine Nacktheit vergaß. Als ich erwachte, hatte ich mein Bett beschmutzt, und ich stand auf und trat vor den Spiegel, um mein Gesicht zu sehen.«

DER PAPAGEI

Sie war eine Frau von fünfunddreißig Jahren und aus Belgien geflüchtet. Ihr Mann besaß eine kleine Weberei in Gent. Sie gab sich ziemlich bescheiden und wirkte außerordentlich nervös. Wenn sie von ihren Mißgeschicken erzählte, wurden ihre schönen braunen Augen ganz groß. Seit ihrem erzwungenen Aufbruch fühlte sie sich von ganzen deutschen Armeen verfolgt, und ihre Nächte waren sehr unruhig durch immer dieselben Träume. In ihnen kam stets ein Papagei vor, sie hatte früher einen besessen und hatte ihn auch auf die Flucht mitgenommen. In einem Dorf in der Nähe von Orléans wurde der Flüchtlingstreck bombardiert, und der Papagei suchte das Weite, ohne daß jemand wußte, wie es geschah. Außerdem hatte sie eine wahre Leidenschaft für das Bridgespiel, und es kehrte darum auch in ihren Träumen immer wieder. Einer davon lautete:

»Ich hatte gerade eine Bridgemeisterschaft gewonnen. Mein Papagei Felix war dabei und krächzte:

›Du bist ja so nett, meine liebe kleine Frau.‹

Und während er dies artikulierte, verwandelte er sich in ein riesiges Herz. Blut floß aus diesem Herz, stundenlang. Dies mit anzusehen verursachte mir Fieber, und ein Hustenanfall überkam mich. Ich weiß nicht, wie ich es geschafft habe, einen hohen Berg zu erklimmen, ohne daß ich wußte, um welchen Berg es sich handle. Dann wurde mir klar, daß jenes große Herz mein eigenes sei. Die Blutströme begannen mich zu peitschen, und ich hatte soviel Angst, daß ich schließlich erwachte.«

ER HATTE EINEN KAMERADEN

In Argenton begegneten wir zwei Soldaten in zerlumpten Uniformen inmitten des Flüchtlingszuges. Der eine war im Département Creuse geboren worden, der andere stammte aus Paris, vom Boulevard de la Chapelle. Sie waren zu unzertrennlichen Freunden geworden, ohne daß an dieser Freundschaft etwas Zweideutiges gewesen wäre – es war einfach das Elend, das sie einander näher gebracht hatte. Der vom Boulevard de la Chapelle war ein Zuhälter, der andere, aus der Creuse, hatte seit früher Kindheit hart arbeiten müssen. Während sie ihren billigen Rotwein tranken, schmiedeten sie Pläne für die Zukunft. Eines morgens verdrosch der Pariser seinen Freund fürchterlich, und sie trennten sich wütend; als wir ihn wiedersahen, hatte er Tränen in den Augen und sagte:

»Es war eine Verrücktheit, aber schließlich ist der ganze Krieg eine Verrücktheit. Ich liebe mein Stadtviertel, denn dort habe ich meine Freundin, die für mich auf den Strich geht. Sie verdient genug für uns beide, und so lange ich im Schützengraben lag, schickte sie mir Geld und Freßpakete. Seit die Fritzen die Herren von Paris sind, habe ich nichts mehr von ihr gehört. Das arme Ding hat zweifellos keine Ahnung, wo ich mich herumtreibe. Gestern hatte ich einen scheußlichen Traum, und darum mußte ich mich von dem einzigen Freund trennen, den ich je im Leben gehabt habe. Ich weiß, für ihn ist es besser so. Und das war der Traum:

Ich war mit meinem Freund auf dem Boulevard de la Chapelle und war glücklich, wieder zu Hause zu sein. Ich hatte auch das Hotel wiedergefunden, wo ich mit meinem Mädchen gelebt hatte. Als die Wirtin der Absteige mich über ihre Brillengläser hinweg ansah, begann sie zu lachen:

›Die rote Marietta‹, sagte sie, ›ist nicht mehr da. Seit die Fritzen hier sind, meidet sie das ganze Viertel. Ich bin keine Patriotin, ich versteh' von all dem nichts, aber die Fritzen, mit denen kann ich mich nicht abfinden.‹

Mir krampfte sich der Magen zusammen vor Ärger. Ich machte mich auf die Suche nach meinem Mädchen – und wo fand ich sie? Natürlich in einer schicken Villa im sechzehnten Arrondissement. Vor dem Gitter standen deutsche Posten mit Maschinenpistolen. Es war ein scheußlicher Anblick. Mein Freund sah mich mißtrauisch an. Dann kam sie aus der Villa, so prompt wie in einem Film, und zeigte mir ein dickes Bündel Geldscheine:

›Seit die Fritzen da sind, sind wir reich‹, sagte sie. ›Ich hoffe, sie bleiben noch lange. Wir werden von Tag zu Tag reicher!‹

Dann gewahrte sie meinen Freund und schrie:

›Den da, den mag ich nicht!‹

Ich verabreichte ihr eine Ohrfeige:

›Aber der ist doch mein Freund, du Hurenvieh!‹

Sie antwortete:

›Bei mir zählt keine Freundschaft. Ich weiß doch, was passieren wird: Er wird meine seidenen Dessous anziehen. Nein, den mag ich nicht!‹

Die deutschen Soldaten stießen meinen Freund mit den Läufen ihrer Maschinenpistolen nach draußen, mich aber stießen sie ins Innere der Villa. Im Schlafzimmer dann drosch ich zornig auf mein Mädchen ein, und sie sagte immer wieder:

›Du bist so brutal, dabei liebe ich dich doch!‹

Derlei hatte sie nie gesagt, früher. Ich nahm sie nicht, obwohl ich große Lust dazu hatte. Aber sie hatte es gemocht, daß ich so brutal zu ihr war, und sagte:

›Du kannst auch für die Deutschen arbeiten, die brauchen Burschen wie dich!‹

Ich spuckte ihr ins Gesicht, weil sie mir eine Arbeit vorschlug, die ich nicht mochte. Dann versuchte ich abzuhauen, aber vor jedem Fenster stand ein Deutscher mit der MP. Schließlich gelang es mir dennoch, aber ich sah aus der Ferne, wie die Deutschen meinen Freund an die Wand stellten und erschossen. Und dann bin ich aufgewacht.«

Der Soldat wischte sich die Tränen aus den Augen und brachte seine Geschichte zu Ende:

»Sie sehen: Ich war gezwungen, mich von ihm zu trennen, denn ich hatte einfach Angst, meinem Freund Unglück zu bringen. Ich bin ein Gauner, aber er, er ist eben ehrlich!«

DER POLNISCHE MÖBELHÄNDLER

Während der deutschen Besetzung wurde Senlis, ein Dorf im Département Haute-Garonne, von Flüchtlingen aus aller Herren Länder heimgesucht. Wir machten dort die Bekanntschaft einer Familie polnischer Juden, und es war vor allem der Vater, der uns interessierte. Er war ein großer, starker Mann, mit roten Haaren und dem Gesicht eines Lastwagenfahrers. Sehr oft begann er, und zwar auch aus nichtigem Anlaß, zu weinen. Er sagte uns, daß er schlecht schlafe und sich vor dem Einschlafen fürchte. Im Jahr 1942 war es schon sehr schwierig, alkoholische Getränke aufzutreiben, und unser Freund kaufte Brennspiritus um wachzubleiben. Die Gründe seiner Ängste hat er uns nach und nach enthüllt.

Er war in Polen geboren, in einem Ghetto. Dann war er emigriert und hatte in Belgien kurze Zeit als Bergmann gearbeitet. Er ließ ein junges jüdisches Mädchen nach Belgien nachkommen und heiratete sie; die beiden hatten fünf Kinder. Er schaffte es ganz allein mit der Arbeit seiner Hände, zum Möbelhändler aufzusteigen, und er arbeitete, ohne sich Ruhe zu gönnen, wobei er nur an die Seinen dachte. Als Hitler in Belgien einmarschierte, rief er seine Familie zusammen und floh mit ihnen allen nach Frankreich, ungeachtet der Proteste seiner Frau.

Beim Bombardement der Stadt Charleroi starben ihm zwei seiner Töchter, die eine war fünfzehn, die andere neunzehn Jahre alt. Eine dritte Tochter und die Frau wurden schwer verletzt. Er selbst hatte sich im Wald verirrt und nach dem Angriff niemanden wiedergefunden. Sechs Monate lang suchte er, auf einem alten Fahrrad, in ganz Frankreich seine Familie oder was von ihr noch übrig war, und fand sie schließlich tief im Süden, in Toulouse. Die Selbstvorwürfe hatten ihn in dieser Zeit beinahe vernichtet; er sah sich als den Mörder seiner Töchter. Er murmelte immer wieder:

»Hätte ich nicht gesagt: Ziehen wir fort aus Charleroi*, wären meine Töchter noch am Leben.«

Früher hatte der Mann niemals geträumt, nun aber suchten ihn beängstigende Träume heim. Eines Tages sagte er uns:

»Seit dem Tod meiner beiden Kinder, seit ich Fleisch von meinem Fleisch verloren habe, überkommt mich immer wieder die Angst, sie im Traum zu sehen. Sie waren so schön. Mein Herz klopfte, wenn ich die zwei schönen Mädchen sah.

* Szittya klärt einen scheinbaren Widerspruch nicht auf, weil bei der Aufzeichnung der Träume von Vater und Sohn die Fakten noch in aller Gedächtnis waren: Charleroi wurde bei Beginn des deutschen Einmarsches in Belgien bombardiert, aber die Bomben fielen vornehmlich im Bahnhofsviertel. Wäre die Familie des Möbelhändlers zu Hause geblieben, hätte sie den Bombenangriff unbeschadet überstanden (A. d. Ü.).

Ich fliehe den Schlaf, um ihnen nicht in meinen Träumen zu begegnen. Und was sind das für Träume! Hören Sie, ich will Ihnen einen erzählen:

Hitler war der Hausangestellte eines Tierarztes, der meiner Frau die Milch absaugte. So hatte sie nicht mehr genug Milch für ein Neugeborenes. Ich lief von einem Bauern zum anderen und bat, mir etwas Milch zu verkaufen. Aber sie hatten alle das Gesicht Hitlers und weigerten sich, mir Milch abzugeben. Plötzlich sah ich einen vierkantigen Tisch vor mir, den ich selbst ordentlich gefertigt hatte. Ich blickte ins Leere. In den Armen hielt ich ein Baby, das verhungert war, weil ich es nicht geschafft hatte, Milch aufzutreiben. Mir war kalt. Ich zitterte unter Schauern, als eine meiner toten Töchter sich mir auf einmal näherte. Sie legte mir ihre noch immer blutverschmierte Hand auf die Brust und begann mich zu liebkosen, um mich zu erwärmen. Zuerst tat mir dies sehr wohl. Aber ihre Finger wurden schließlich ganz schwarz und ihr Körper auch. Ich rief ihr zu:

›Verzeih mir, meine Tochter: Es war mein Fehler, daß man dich umgebracht hat!‹

Das schrie ich so laut, daß meine Frau erwachte.«

Der arme Mensch fragte mich:

»Haben Sie den Mut, sich noch andere Träume dieser Art anzuhören?«

Ich schüttelte stumm den Kopf.

DER SOHN

DER SOHN dieses Möbelhändlers hatte seinem Vater niemals bewußt Vorwürfe gemacht. Aber es geschah in seinen Träumen.

Ich möchte bei dieser Gelegenheit daran erinnern, daß wir beim Sammeln dieser Träume auf jegliche Interpretation verzichtet haben, sondern nur den manifesten Inhalt aufzeichneten.

Hier ist er:

Jener Sohn war vierundzwanzig Jahre alt. Er trug sein blondes Haar offen und lang, so daß er aussah wie einer der Kunstjünger der Jahrhundertwende. Intellektuell war er eine Null. Sein Vater hatte aber uns gegenüber betont, daß er bei der Herstellung von Möbeln künstlerische Gaben zeige. Er spielte den ganzen Tag mit Dominosteinen. Seit Kriegsbeginn und seit dem Tod seiner Schwestern war er von einem einzigen Gedanken besessen: das Leben zu genießen, so intensiv wie möglich. Und wie sah dieser Genuß aus? Er trank, er schlief mit allen erreichbaren Mädchen, und er spielte Domino. Eines Tages erzählte er uns den folgenden Traum:

»Ich schlief auf einem Steinboden, auf den man Stroh geschüttet hatte. Im Nachbarraum schliefen meine Eltern unter den gleichen Verhältnissen. Das Stroh stank nach Urin und nach Kuhdung. Irgend jemand begann sich zu erbrechen und beklagte sich dann:

›Warum habe ich nur diese Schokolade im Monoprix gekauft!‹

Ich stand auf, um ins Freie zu gehen. Beim Öffnen der Tür riß ich die Klinke ab, und der Lärm, den ich dabei verursachte, glich dem fallender Bomben. Alles erwachte. Mein Vater kam aus dem Nachbarzimmer und übergoß mich mit kochendem Wasser. Dabei schrie er:

›Du blödes Vieh!‹

Ich hatte Zeit genug zu sehen, daß mein Vater so muskulös war wie ein Stier. Dann verlor ich das Bewußtsein. Schließlich erwachte ich.«

Wir fragten noch:

»Lieben Sie Ihren Vater?«

»Was für eine Frage!«, antwortete er erstaunt, »Er ist mein Vater!«

DIE FLUGZEUGE

Sie war eine intelligente Frau, eine kultivierte Pariserin von achtunddreißig Jahren. Nach verschiedenen Schicksalsschlägen hatte sie eine gewisse Ruhe gefunden und arbeitete als Hausdame in einem Kinderheim. Paris hatte sie zu einem Zeitpunkt verlassen, als für die Flucht keinerlei Fahrzeuge mehr zur Verfügung standen, und war bis Limoges zu Fuß gewandert. Den ganzen Tag lang hatten Tiefflieger die auf den Straßen langsam vorankommenden und oft völlig stockenden Flüchtlingskolonnen mit Maschinengewehrfeuer angegriffen. Niemand wußte, wohin er sich retten könne. Es gab schreckliche Bilder und grauenhafte Eindrücke, die sich in den Gehirnen festsetzten. Würden sie diese panischen Ängste jemals wieder loswerden?

Auf ihrer Flucht verbrachte diese Pariserin eine Nacht in einem Stallgebäude in der Nähe von Orléans. Es war jene tragische Nacht, in der die Stadt bombardiert und praktisch zerstört wurde. Man hörte den Lärm der Explosionen bis in diesen Stall und sah, wie der ganze Horizont in Flammen stand. Durch den Funkenflug gerieten auch einige Dachstühle in jenem Dorf in Brand. Man hörte Schreie, Rufe und das Krachen der Fahrzeuge, die vernichtet wurden. Seit jener Nacht konnte die Ärmste Flugzeuglärm nicht mehr hören, ohne plötzliche Wallungen zu verspüren, Brechreiz und Herzrhythmusstörungen. Ihre Träume waren voll von Flugzeugen:

»Ich befand mich auf einem runden Platz in einer mir unbekannten Stadt. Auf dem Leib trug ich einen indischen Schal, eine goldfarbene Handwebe, und so stieg ich in einen Wagen. Alle Leute blickten zum Himmel auf, der wie eine riesige graue Kugel über uns hing. Die Leute sagten leise untereinander:

›Die Stadt sieht aus wie ein klagender Vogel!‹

Ich aber, ich wußte, daß es sich um das größte Flugzeug der Welt handle. Aus der riesigen grauen Kugel lösten sich kleinere, ebenso graue Kugeln, die neben uns allen, die auf dem Platz versammelt waren, auf den Boden fielen. Wir schrien alle:

›Herrgott, wir legen unser Schicksal in deine Hände!‹

Ich stieg auf einen Schemel, weil ich mir einbildete, dann vor den kleinen grauen Kugeln sicherer zu sein, aber diese zogen ihn mir unter den Füßen weg. Und als die kleinen Kugeln begannen, mir das Fleisch von den Knochen zu reißen, erkannte ich, daß es sich um Fische handle, die fröhlich auf dem ganzen Platz umherschwammen.«

DIE EIDECHSEN

DEN TRAURIGSTEN ANBLICK – während Krieg und Besatzungszeit – boten die Kinder mit ihren bedrückten Mienen und angsterfüllten Augen. Ihre Phantasie beschäftigte sich unausgesetzt mit seltsamen Dingen, die zweifellos für ihre kindliche Welt nicht geeignet waren.

Marc war sieben Jahre alt. Er war ein hübscher Junge mit braunen, nachdenklichen Augen. Er liebte es, allein zu spielen, und er erfand sich seine Spiele selbst. Sein Vater war Dachdecker und hatte ihn, seinen kleinen Sohn, in eine Ferienkolonie in der Ardèche geschickt, in die Berge. Wir sahen dem Jungen zu, wenn er Eidechsen beobachtete und mit ihnen spielte. Er unterhielt sich mit ihnen in einer Sprache, die er zum Teil selbst erfunden hatte. Eines Tages, als es sehr stürmte, fragten wir ihn:

»Was ist los? Du hast doch nicht auf einmal Angst vor deinen Eidechsen?«

Er antwortete schüchtern:

»Nein, das nicht – ich finde sie sogar spaßig. Aber heute machen sie sich aus dem Staub, wenn ich nur die kleinste Bewegung mache. Sie haben vor irgend etwas Angst, wollen mir aber nicht sagen, wovor. Ich habe sie wiederholt gefragt!«

»Nimmst du wirklich an, sie könnten dir antworten?«

»Aber gewiß doch, sie wollen nur nicht!«

»Aber eben hattest du Angst, es sah so aus. Warum?«

Er antwortete ganz leise:

»Das war der Wind!«

»Der Wind? Vor dem braucht man doch keine Angst zu haben!«

»Doch, doch, der Wind ist immer böse!«

»Und wer sagt dir so etwas?«

»Niemand, das weiß ich aus meinen Träumen!«

»Willst du uns einen dieser Träume erzählen?«

Marc begann zu sprechen:

»Eine Hand, die ich nicht sehen konnte, führte mich. Mein Papa arbeitete auf einem Dach, und das Haus gehörte einem Soldaten. Papa liebte diese Arbeit nicht, weil alle Soldaten böse sind. Sie nämlich sind es, die den Wind machen. Die bösen Soldaten kommen aus dem Haus und schlüpfen durch ein eisernes Loch. In diesem Loch machen sie dann etwas Böses: Einer spielte Trompete, aber alles, was aus der Trompete herauskam, war nicht Musik, sondern Wind. Dieser Wind wurde immer stärker. Er fegte die Blumen und die Häuser hinweg, und mein Papa fiel vom Dach herunter. Der Soldat trug meinen Papa weg und zertrat dabei lachend alle Eidechsen, die aus dem Haus herausgekrochen waren.«

DIE FRAU EINES KRIEGSGEFANGENEN

Sie war sechsundzwanzig Jahre alt. Vor dem Krieg hatte sie in einer Motorenfabrik in Toulouse als Buchhalterin gearbeitet. Sie heiratete den Sohn des zweiten Gatten ihrer Mutter. Nach Photographien zu urteilen, war er ein großer Junge südlichen Typs mit schwärmerischem Blick.

Er war Schmied. Bei der Einberufung ihres Gatten, zwei Monate nach der Hochzeit, brachte sie ein totes Kind zur Welt. Dann geriet ihr Mann in Gefangenschaft, und bei ihr zeigten sich nervöse Depressionen, so daß sie in eine Nervenklinik gebracht wurde.

Im Jahr 1942, als wir sie kennenlernten, war sie mehr oder minder als geheilt zu bezeichnen. Aber sie fürchtete noch den Schlaf, denn sie hatte Angst vor ihren Träumen. Hier ist einer davon:

»Ich war eben dabei, eine Art Inventar meines Gehirns aufzunehmen, als mich mein Bauch nötigte, in den Keller hinabzusteigen, wo ich eine fürchterliche Unordnung vorfand. Dieser Keller öffnete sich in die Halle eines Hotels. Ohne daß ich zu sagen wüßte warum, beschäftigte mich das Wort *Hongkong*. Die Möbel in der Hotelhalle waren alle schadhaft, und es roch stark nach einem Insektenpulver. Ich schlief vierundzwanzig Stunden. Mein Mann suchte mich überall. Endlich sagte ich zu dem Hotelportier:

›Sagen Sie bloß meinem Mann nichts davon!‹

Im gleichen Augenblick trat mein Mann auf mich zu und hielt mir ein großes Glas Senf hin.«

DIE DICHTERIN

Sie war eine junge Frau von etwa zwanzig Jahren. In ihrem Wesen waren ein Hang zur Romantik, gewisse Neigungen zur Perversität und ein oberflächlicher Buddhismus eine Mischung eingegangen. Zugleich aber verabscheute sie jegliche mystische Schicksalsergebenheit. Sie sagte uns:

»Mitunter habe ich den Eindruck, mich auf einem Schiff zu befinden, dessen ganze Besatzung vergiftet worden ist.«

Vor dem Krieg war sie Mitglied eines Kreises junger Dichter, in dem man sich ein wenig mit Okkultismus beschäftigte. Soziale Fragen interessierten sie überhaupt nicht, und Kontakte mit der Masse lehnte sie strikt ab. Aber sie haßte den Krieg.

»Der Krieg«, sagte sie, »ist eine stupide Selbstbekundung von Uniformträgern, und man fabriziert falsche Helden für die Galerie.«

Zu Beginn des Krieges brachte sie ein Kind zur Welt, dessen Vater ein junger Dichter war, der bald darauf spurlos verschwand.

Sie hatte zahlreiche Träume. Hier ist einer davon:

»Ich war unterwegs, um einen befreundeten Dichter zu besuchen. Er hatte den Tick, jedes Gespräch mit den Worten zu beginnen:

›Siehst du denn nicht, daß die Welt sich schwerfällig in einem Kreistanz bewegt?‹

Er sah gut aus, war etwa so alt wie ich, und seine Dichtungen waren vom Buddhismus beeinflußt. Ich war beinahe trunken von dem Verlangen, ihn bald zu treffen. Ich kam endlich in das kleine Bergdorf und war sogleich unangenehm überrascht: Alle Einwohner, Männer, Frauen und Kinder, trugen Uniform! Aber es war nicht die übliche unseres Militärs. Ich sah einen Mann mit einem besonders grausamen Blick, das machte mich so unsicher, daß ich von meinem Weg abkam. Nach einer Reihe von Schwierigkeiten fragte ich eine Frau nach der Wohnung meines Freundes. Sie hatte eine kleine Schelle an den Lippen, die bimmelte, wenn sie sprach.

Sie zeigte in eine bestimmte Richtung und sagte:

›Das ist dort drüben, er geht gerade drauf, er fällt in ein schwarzes Loch!‹

Als ich in das Zimmer trat, war ich erstaunt, es voll von Büchern und religiösen Bildern zu finden. Es roch schlecht. Überall sah man Maschinen herumstehen, auf denen man Uniformen herstellen konnte.

Ich fragte einen Alten mit einem Krötengesicht:

›Wohnt Georges noch hier?‹

›Georges? Der bin ich!‹

Ich mußte husten und antwortete:

›Georges ist ein junger Mann, und Sie – Sie kenne ich gar nicht!‹

›Aber ich *bin* Georges! Ich habe das Leben verloren, als ich ein waldiges Tal herstellen wollte. Dann aber, gerade als ich mitten in meinen Bemühungen war, kamen all diese Maschinen hierher und haben mein Tal aufgefressen. Und jetzt, jetzt bin ich der glücklichste Mensch auf der Welt!‹«

EIN MÄDCHEN VON ELF JAHREN

Dieses kleine Mädchen von elf Jahren wohnte sehr nahe an jener Demarkationslinie, die Frankreich in einen besetzten und einen freien Landesteil schied. Um von Châteauroux, wo sie lebte, in ihre Schule zu kommen, mußte sie täglich drei Kilometer zurücklegen und dabei die deutschen Kontrollen passieren. Dabei sah sie täglich, wie deutsche Soldaten grob nach den Papieren fragten, der *Carte d'Identité*. Sie begriff nicht allzuviel davon, aber eines Nachts hatte sie den folgenden Traum:

Ein Soldat stieg in den Autobus und schrie: »Papiere vorzeigen!«

Sie antwortete:

»Ich bin zu klein, um Ausweispapiere zu haben!«

Der Soldat schrie jedoch immer lauter:

»Heutzutage muß jeder Mensch einen Ausweis haben!«

Und er nahm sie fest.

Während man sie ins Gefängnis brachte, rief sie ohne Unterlaß nach ihrem Vater. Dabei wußte sie aber sehr gut, daß er nicht kommen konnte, um sie herauszuholen, denn er hatte keinen Regenschirm. Außerdem hätte man dann auch ihn verhaftet. Sie sah einen Soldaten auf den Spiegel spucken, vor dem sie sich gerade für die Schule schön machen wollte. Sie hatte auf dem Feld eine Margerite gepflückt, die wollte sie ihrer Lehrerin bringen. Aber der Soldat riß ihr die Blume aus der Hand und warf sie auf den Misthaufen.

DIE FRAU EINES VERRÄTERS

Sie war mit einem Führer der Syndikalisten verheiratet. Nach der Flucht aus Paris kam sie wie Tausende andere Pariser in Senlis in der Haute-Garonne unter, mit ihrem Hund Jacques. Etwa zur gleichen Zeit wurde ihr Sohn, ein junger Maler, an der Front getötet. Seither interessierte sie sich nur noch für ihren Hund. Ihr Mann wurde von der Vichy-Regierung in den Stadtrat von Paris berufen. Später kehrte auch sie nach Paris zurück und übernahm die Leitung einer Volksküche.

Ihr Hund Jacques hatte seine eigene Geschichte: Er kam aus der Polarregion und war nach dem russisch-finnischen Krieg von einem finnischen Diplomaten nach Paris gebracht worden, wo ihn dieser der Frau zum Geschenk gemacht hatte. Der Hund hatte also den Krieg in Finnland mitgemacht und die Massenflucht aus Paris. Während der Flucht nach dem Süden hatte es Luftangriffe deutscher und italienischer Flugzeuge gegeben, und seither hatte das Tier nicht mehr aufgehört, sich zu fürchten. Sah es Flammen oder auch nur Soldaten, dann machte es sich schon auf und floh. Darum ließ die Frau den Hund in Pension in Senlis, als sie nach Paris zurückkehrte. Im Jahr 1942 hatte sie einen furchtbaren Traum, der sie veranlaßte, ihren Hund zu besuchen, aber als er seine

Herrin erkannte, packte ihn solche Furcht, daß er davonlief. Und dies war der Traum:

»Ich suchte meinen Hund zuerst in einem Bistro, dann in der Gemischtwarenhandlung und schließlich, obwohl das absurd war, sogar beim Schneider. Mein Kopf war völlig leer, und aus meiner Kehle kam nichts anderes als der Kuckucksruf, und er ähnelte einer Tanzmelodie. Ich sah meinen Hund in Generalsuniform. Er kam in eine Küche, ergriff alle Teller, in denen die Suppe für die Armen ausgegeben wurde, und verschmierte das Bild meines Mannes, dem er Krötenbeine machte. Dazu bellte er:

›Schau hin, wie häßlich er ist. Soll ich dein Bild auch so verschmieren?‹

Als er seine Krakeleien beendet hatte, hielt er die Teller den Armen hin. Draußen vor der Tür sang mein Mann:

›Ich bin ein Optimist. Alles geht klar, wenn nur der Magen in Ordnung ist. Ich scheiße auf die Sterne, ich habe keine Hoffnung. Und wenn ich mich in den Spiegel schaue, macht mich das traurig.‹

Der Hund bellte:

›Gehen Sie nach Lourdes und kaufen Sie Amulette!‹«

Als sie mit dieser Erzählung zu Ende war, fragten wir die Frau, was sie von ihrem Traum halte.

»Was wollen Sie?«, antwortete sie, »Das Leben ist eben voll Überraschungen. Ich bin traurig, weil ich sehe, daß ich Jacques nicht mit nach Paris nehmen kann.«

EINE FRAU VON VIERUNDFÜNFZIG JAHREN

Wir machten ihre Bekanntschaft in einem kleinen Dorf in der Haute-Garonne. Sie war Freidenkerin, war nie in die Kirche gegangen, und das ganze Dorf begegnete ihr mit Mißtrauen. Fast den ganzen Tag und bis tief in die Nacht las sie sentimentale Romane und Groschenhefte. Der Krieg interessierte sie zunächst nicht sonderlich, obwohl er ihr ihre Scheidung ins Gedächtnis rief. Ihr früherer Mann war Vertreter einer führenden französischen Autofirma gewesen. Nach der Scheidung zog er mit einem jungen Mädchen aus dem Norden zusammen, das auf der Flucht nach Toulouse gekommen war.

Der kleine Ort war damals von Flüchtlingen geradezu überschwemmt. Sie brachten das Unglück der ganzen Welt mit sich. Sie kamen aus Belgien, aus Holland und aus dem Norden Frankreichs. Außerdem stieß man immer wieder auf versprengte Soldaten, die keine Ahnung hatten, wo ihre Truppenteile stünden. Unter diesen Versprengten war ein holländischer Offizier, der sich in die Vierundfünfzigjährige verliebte. Bei ihr fand er auch stets eine Flasche Whisky auf dem Nachttisch. Die Liebe war jedoch von kurzer Dauer, und eines Tages war der Offizier verschwunden. Seitdem hatte sie wirre Träume. Sie sagte:

»Beinahe jede Nacht wache ich schreiend auf.«

Und hier ist einer ihrer Träume:

»Ich befinde mich auf hoher See und glaube, daß ich sehr weit weg bin. Ich weiß, daß das Meer rot ist, aber ich sehe das nicht. Überall wachsen Feigenbäume auf, und ich frage mich, wie sie denn Platz finden, so dicht stehen sie nebeneinander. Die Feigen selbst aber bleiben stets grün. Ich weiß, daß sie immer grün bleiben werden. Das Meer ist von einem großen Gemälde umgeben, einer Leinwand, auf der die Stadt Nizza dargestellt ist. Aber dieses Bild geht zugrunde, und ich sage mir: Das ist doch nicht Nizza, wie es vor dem Kriege war!

In den Straßen kreuzen sich die Fahrzeuge. Ein alter Herr mit gepflegtem Bart, der aussieht wie der Präsident des Clubs der Boulespieler, stößt ein Wägelchen vor sich her, auf dem lauter zerrissene Papiere liegen. Ich kannte Nizza vor dem Krieg. Ich fuhr beinahe jedes Jahr hin. Jetzt aber gibt es dort überall Jahrmarktsbuden, und ich verstehe nicht, warum man diese Stadt Nizza nennt. Über den Dächern der Baracken fliegen Fledermäuse. Holländische Soldaten stecken die Köpfe aus den Baracken. Ich kann nicht sagen, warum dies gerade holländische Soldaten sind, aber ich weiß es, ich bin dessen sicher. Die Soldaten schreien einander zu wie Straßenhändler.

Der Nebel verleitet uns zu Perversitäten. Wir erkennen die Tiefe des Lebens und der Seele, weil wir Walfische sind.

Dann bin ich wieder auf dem Meer, zwischen

den Feigenbäumen. Plötzlich erwischt mich etwas an der Brust. Ich sehe das vierte Stockwerk meines Hauses. Ein Mann zu Pferd dringt auf mich ein. Ich verstehe nicht mehr, was sich ereignet, denn in meinen Erinnerungen hat mein Haus nur ein Obergeschoß. An dieser Vorstellung halte ich mich fest, um das Bild des Reiters auszulöschen, da bemerke ich, daß ich splitternackt bin. Ich versuche, mich in den Wellen zu verbergen, aber der Mann zu Pferd ist schon gesprungen, kommt auf mich zu, bleibt aber plötzlich in der Luft hängen. Er zieht eine Zeitung aus der Tasche und beginnt, die letzten Meldungen vom Kriegsschauplatz zu lesen. Zugleich werde ich zu meinem Entsetzen immer dicker und sehe meinen Bauch ins Ungeheure wachsen. Ich fürchte, daß meine zarten Füße diese Last nicht mehr tragen können, und schreie:

›Immerhin bin ich nicht die Reklamefigur für Michelin-Reifen!‹

Das Meer zieht mich immer tiefer in seine Weiten, aber ich habe noch immer Luft. Ich fühle nur einen gewissen Brechreiz. Ich will einen Schrei aus meinem Gehirn verbannen und auslöschen, aber ich finde das Gehirn nicht mehr.«

Die Frau sagte uns dann noch:

»Als ich erwachte, tat ich einen Blick auf die Uhr: Ich hatte höchstens eine Minute geschlafen!«

EINE DEUTSCHE SCHAUSPIELERIN WÄHREND DER BESETZUNG VON PARIS

Sie kam 1942 nach Paris, in dem Jahr also, in dem die Deutschen auf dem Höhepunkt ihrer Macht über Frankreich waren. Sie sollte hier einen Film synchronisieren, ich kannte sie aber schon aus der Zeit vor dem Krieg, aus Berlin. Sie spielte auf der Bühne die anrüchigsten Rollen, aber ich habe niemals eine Schauspielerin kennengelernt, die man mit größerem Recht als eine Kleinbürgerin bezeichnen konnte. Sie errötete sofort, wenn ein Gespräch eine Wendung ins Gewagte nahm, und ihr Betragen war ausgesprochen zurückhaltend: Nach den Vorstellungen ging sie stets gleich nach Hause, und wenn sie reiste, so wurde sie von ihrer Mutter begleitet, einer Pariserin, die einen Kaufmann aus Hannover geheiratet hatte. Für Politik interessierte sie sich nicht; sie spielte auch in dieser Zeit Theater, weil sie schließlich irgendetwas tun mußte, um zu leben.

Als ich sie in Marseille zufällig traf, sagte sie zu mir:

»Alles, was in uns vorgeht, ist von Konventionen kontrolliert. In unseren Träumen aber schießt soviel Unkraut auf, daß es tatsächlich unser Leben vergiften kann.«

Natürlich interessierten mich die Träume einer Schauspielerin, die in ihrer Arglosigkeit nichts verheimlichte, ganz außerordentlich. Hier ist einer:

»Ich komme aus dem Theater, wo ich eine schmutzig-schamlose Rolle spielen mußte. Es ist ein wunderbarer Abend, und es tut mir gut, in Gesellschaft meiner Mutter spazierenzugehen. Plötzlich fühle ich die Wärme warmer Dämpfe, wie in einem Bad, in mich eindringen, studiere dabei aber den Stand der Papiere an der Börse – ich weiß nicht, warum, ich habe niemals welche besessen. Diese Papiere haben die Formen von Orchideen und wachsen auf einem Friedhof. In meinem Traum heißen sie aber nicht Orchideen, sondern Albert. Ich schreie:

›Aber ich bin doch noch gar nicht so alt, daß ich Aktienkurse studieren müßte.‹

Auf einem Wolkenkratzer jagt man einen Mann, der die Mauern entlangklettert; zugleich beginnt man, die Platten aus dem Straßenpflaster von Paris zu reißen und ersetzt sie durch feinstes Mehl. Plötzlich wird es Nacht. Alle Polizisten verschwinden. Ich höre Schritte, ohne die Menschen zu sehen, von denen das Geräusch kommt. Sie wissen, daß ich nicht Joséphine heiße, aber die Menschen, die gehen, sagen zu mir:

›Joséphine, erkennst du nicht unsere Gesichter?‹

Ich fürchte, daß sie mir verbieten werden, französisch zu sprechen, die Sprache, die meine Mutter so sehr liebt. Um mich zu verbergen, setze ich eine riesige Brille auf, sie ist größer als ich selbst. Mein ganzer Körper wird zur Brille. Die große Brille macht mich blind, und ich schwimme herum.

Die Leute lachen mich aus und sagen zu mir:

›Joséphine, deine Brille ist aus Fensterglas!‹

Damit man mich besser sieht und damit ich die Erlaubnis erhalte, französisch zu sprechen, beginne ich, Kochrezepte zu verkaufen. Alle Rezepte tragen die Gesichtszüge von Jean Cocteau. Nur daß er einen weißen und rötlichen Bart hat, im Stil des Rokoko und mit Goldplättchen bedeckt.«

Zum Schluß fragte uns die Schauspielerin:

»Wissen Sie, warum ich schließlich aufgewacht bin? Weil ich feststellte, daß ich in meinem Traum mich selbst vergessen hatte...«

DER JOURNALIST

Es handelt sich um einen durchschnittlichen Journalisten, den der ständige Mißerfolg verbittert hatte. Er lebte mit seiner Frau und drei Kindern in Cassis, in der Nähe von Marseille. Man hatte ihn früher oft in Paris treffen können, immer in größter Eile. Er machte Jagd auf interessante Reportagen, fand aber nie welche. Ohne Unterlaß notierte er Ziffern auf seinem Block, ohne daß jemand zu sagen wußte, warum. In Cassis erzählte er uns den folgenden Traum:

»Wenn ich träume, suche ich immer nach Themen für eine Reportage. Ich war in einer der endlos langen und geraden Straßen von Limoges unterwegs. Ich wollte eine Reportage über den Handel mit Emailwaren machen. Ich trat in einen kleinen Laden, der in der Mitte eines Gartens lag. Ein paar Hilfsarbeiter schufteten hier wie Roboter. Aber auf durchaus seltsame Weise hatte diese Arbeit auf einmal den Charakter einer Oper. Ich wollte mir genauer ansehen, was da im Inneren vor sich ging, aber der Kaiser Franz Joseph hinderte mich daran. Mit hoheitsvoller Stimme sagte er mir ins Ohr:

›Sie werden niemals erfahren, was ich von diesem Krieg denke!‹

Ich beobachtete ihn und sah, wie er sich in einen modernen Staatsmann verwandelte und begann, den Krieg zu leiten. Dabei betrug er sich wie ein Emailhändler, der seine Waren vor den Kunden ausbreitet. Zugleich hörte ich Granaten auf dem Dach, auf den Mauern und auf dem Pflaster explodieren. Steine flogen durch die Luft. Die Emailwaren interessierten mich nun überhaupt nicht mehr. Ich hatte plötzlich das Gefühl, ungeheure Macht zu besitzen, ohne zu wissen, wie ich sie einsetzen sollte. Es war eine Art von Selbsthypnose. Während ich mich im Spiegel betrachtete, konnte ich das Leben aller Schläfer erkennen und ihnen ihre Geheimnisse entwenden. Ich hatte einen kleinen, scharfen Rasierapparat in der Hand und glaubte auf einmal, Tuberkulose zu haben. Dann hypnotisierte ich mich und drang in den Traum eines Staatsmannes ein, den ich in Limoges hatte aufsuchen wollen. Ich wußte, daß die Herren in diesem Augenblick beschäftigt waren.

Der Schlaf ist ein Teil des Ferienglücks. In diesem Fall verschafft der Schlaf keinerlei Macht. Ich nutze diese Lage, um nicht nur alle Emailarbeiten zu stehlen, sondern auch alle Projekte und Ideen der Staatsmänner. Aus diesen Elementen stellte ich die sensationellste Reportage der Welt zusammen. Ich ließ sie auf Flugblätter drucken und verteilte diese bis in den letzten Winkel der Erde. Endlich drang ich in ein kleines Zimmer ein, in dem Montgomery residierte. Bis dahin war ich ihm niemals begegnet. Ich hatte zwar keinen Sou mehr in der Tasche, aber ich wußte, daß ich der tollste Journalist aller Zeiten sei und obendrein ein Verfertiger höchst einträglicher Lügengeschichten. Ich legte meine Hände gönnerhaft auf Montgomerys Schultern und zeigte ihm meine Reportage. Er war davon höchst angetan. Er wollte aufstehen, um mir seine Achtung zu bezeigen, schaffte es aber nicht, weil er hinkte. Er sagte zu mir:

›Bürger aus dem Äther, Ihr Weg ist klar vorgezeichnet. Unsere Hände werden aus Ihrem Leib einen Cäsar formen wie aus Stein. Die Presse ist die größte Macht der Welt. Ich spreche nicht spanisch, deshalb werde ich den Krieg gewinnen. Wir werden beide sehr viel Geld verdienen. Wir müssen nur immer schneller gehen, immer schneller!‹

Er schien nicht zu wissen, daß er gar nicht imstande war, zu gehen, sondern nur auf seinem Thron sitzen konnte. Ich ließ ihm die Reinschrift meines Manuskriptes und begab mich zu meinem Freund, dem Magister, den ich als Monseigneur anredete, ohne zu wissen warum. Ich wollte ihn um einen Vorschuß angehen. Während ich mit meiner bescheidensten Stimme mit ihm redete, wurde mein Freund immer skeptischer. Da ergriff ich ihn rauh am Arm und schrie:

›Du glaubst mir nicht? Dann komm! Ich werde dir beweisen, daß es wahr ist!‹

Ich wußte nicht mehr, was ich ihm beweisen wollte. Wir gelangten irgendwohin, und wir sahen, daß meine Frau einen Schemel vor sich hin hielt, als sei er eine Statue. Dazu erklärte sie mit pathetischem Tonfall, so wie man um 1880 in der *Comédie Française* deklamiert hatte:

›Der große Journalist Montgomery war da. Er hat dir viel Geld gebracht. Er hat mir gesagt, du hättest vergessen, deine Reportage zu signieren. Man will deine Signatur lithographieren. Ich habe ihm gesagt, in deiner Reportage stehe kein wahres Wort. Er begann zu lachen und sagte: Umso besser; worauf es ankommt, ist einzig, daß aufgrund dieser Reportage nun sehr viele Menschen sterben werden.‹

Ich wollte hinzuspringen und den Schemel zertrümmern, aber in diesem Augenblick weckte meine Frau mich mit den Worten:

›Warum führst du dich so auf im Schlaf? Du wirst mir noch die Kinder aufwecken.‹«

DER SCHUSTER

IN GRENOBLE MACHTEN wir die Bekanntschaft eines vierunddreißigjährigen Architekten. Er war im Krieg Offizier gewesen und nach dem Waffenstillstand nach Hause zurückgekehrt. Er war einst ein sehr eleganter Mann gewesen, aber nach und nach bereiteten ihm die Versorgungslage und andere Restriktionen Schwierigkeiten, diesen Standard zu halten: Gute Stoffe wurden selten, Schuhe gleichsam unauffindbar. Hatte man welche zu reparieren, so mußte man einem Schuhmacher geradezu den Hof machen. Dieser Architekt erzählte uns den folgenden Traum:

»Irgend jemand hatte mir eine Möglichkeit genannt, ein paar alte Schuhe zu kaufen. Die Frau des Schusters sah aus wie ein plattgewalzter Wurm. Sie sagte voll Mitgefühl:

›Gewiß, ich weiß, daß Sie ein armer Kerl sind. Monsieur Gauthier hat Ihnen tatsächlich ein paar alte Schuhe überlassen.‹

›Ich erinnere mich nicht, einen Monsieur Gauthier gekannt zu haben‹, sagte ich, und plötzlich hatte die Schustersfrau das Gesicht eines alten Abtes. Er sagte mir, ebenfalls sehr mitfühlend:

›Es stimmt zwar, daß die Schuhe in einem jämmerlichen Zustand sind. Aber mein Mann ist ein Philanthrop, er wird sie Ihnen instandsetzen. Nur: neu werden sie natürlich nicht!‹

Ich fragte ihn oder sie:

›Und was ist mit Monsieur Gauthier?‹

Nun antwortete plötzlich der Schuster selbst, den ich bis dahin gar nicht gesehen hatte:

›Er hat immer noch seine Goldzähne!‹

Die Schustersfrau unterbrach ihn und wandte sich an mich:

›Aber Sie müssen uns beweisen, daß die Schuhe wirklich für Sie selbst sind. Sagen Sie uns doch: Wie heißt die Schwägerin von Monsieur Gauthier?‹

Ich zermarterte mir den Kopf um herauszufinden, wer wohl dieser Monsieur Gauthier sei. Aber die Schustersfrau war nach wie vor voll Mitgefühl und sagte, nachdem sie mein Gehirn angesehen hatte:

›Wir werden Ihnen die Schuhe geben, aber vorher muß mein Mann sie reparieren. Gehen Sie in ein Restaurant, bis er damit fertig ist. Sie sind nicht gezwungen, etwas zu bestellen.‹

Ich betrat ein sehr elegantes Restaurant. An der Kasse saß der Schuster und arbeitete an den erwähnten Schuhen. Stunden vergingen. Ich wurde immer nervöser, denn die Kellnerin kam alle fünf Minuten und fragte nach meinen Wünschen. Plötzlich nahm der Schuster das Paar Schuhe und war verschwunden. Ich wartete abermals ein paar Stunden, aber der Schuster kam nicht zurück. Ich verließ das Restaurant, um ihn zu suchen, fand ihn aber nicht. Irgend jemand sprach mich auf der Straße an:

›Wie geht's dir, Marius?‹

Da ich nicht Marius heiße, antwortete ich nicht und wollte zurück ins Restaurant, aber ein riesiger Hut versperrte mir den Weg. Ich stieß ihn mit einer brüsken Bewegung beiseite, und die Kellnerin schrie:

›Lassen Sie den Mann herein, er muß zwischen den Gästen auf- und abgehen, um ihnen Appetit zu machen!‹

Bei mir stellte sich ein Angstgefühl ein, denn ich sah, daß jemand meinen Platz eingenommen hatte.«

DER ANTIMILITARIST

Am 18. Juli 1942 trat das Gericht in Toulouse zusammen und verhandelte über einen Abtreibungsfall. Die Angeklagte sagte:

»Keine einzige Frau hat das Recht, heutzutage ein Kind zur Welt zu bringen. Alle Neugeborenen sind doch dazu bestimmt, getötet zu werden. Nur völlig stumpfsinnige Frauen schinden sich ab mit immer neuen Geburten. Es ist ein Verbrechen, Kinder in diese Welt zu setzen, in der sie nur noch Kanonenfutter bedeuten. Ich weiß, daß Gott es auch nicht mehr will. Darum hat er mir eine Botschaft geschickt, eine Botschaft in einem Traum:

Soldaten zogen an mir vorüber, stundenlang. In den Augen dieser Soldaten stand das Mitleid mit dem Kind, das ich zur Welt bringen sollte. Sie waren alle verletzt, und ich wußte, daß sie sterben würden. Einer von ihnen bewegte sich auf Krücken fort. Er versuchte, ohne sie auszukommen, aber es gelang ihm nicht, denn sie waren inzwischen zu einem Teil seines Körpers geworden. Ich sah ihn schuldbewußt an, ja ich schämte mich, und ich erkannte in diesem Augenblick, was ich tun müsse!«

UM DEN HOF ZU RETTEN

Sie hatte einen ziemlich großen Bauernhof in der Nähe von Provins und hielt dort einige Kühe und Schweine, auch Geflügel. Sie stammte aus Polen und war mit einem Franzosen verheiratet, der als Kriegsgefangener in Deutschland festgehalten wurde. Ihre Schwägerin war Kommunistin und an einem unbekannten Ort eingesperrt. Die Polin arbeitete wie ein Vieh, denn Hilfskräfte waren nirgends zu kriegen. Ihr Arbeitstag begann um vier Uhr früh und endete erst, wenn es Nacht wurde. Die Deutschen liebte sie nicht, aber wenn welche auf den Hof kamen, so erhielten sie, was sie wollten – auch den Körper der jungen Frau. Alles war ihr lieber, als den Hof zu verlieren. Sie hatte ihrem Mann versprochen, daß er alles in Ordnung finden würde, sobald er heimkehrte. Die Nachbarn aber fanden die Frau verdächtig und denunzierten sie bei der Widerstandsbewegung von Provins. Die Maquisards* sandten ihr ein Warnschreiben, und in der Nacht darauf hatte die Frau den folgenden Traum:

»Die Schwester meines Mannes wollte in mein Haus. Sie war schlecht gekleidet und hatte Hunger. Ich verwehrte ihr den Eintritt und sagte:

* Maquis: Korsisches Wort für den Buschwald im Insel-Inneren, in den seinerzeit die Banditen flüchteten. Seit 1940 Bezeichnung für die Résistance vor allem in den französischen Provinzen (A. d. Ü.)

›Ich habe mein Wort gegeben, den Hof zu retten, für ihn und für die Kinder. Du wirst den Hof ruinieren!‹

Meine Schwägerin wollte daraufhin mit Gewalt eintreten und schrie:

›Du kannst mich nicht daran hindern, in dem Haus zu schlafen, in dem ich geboren bin!‹

Ich antwortete ihr:

›Wenn du nicht verschwindest, rufe ich die deutschen Soldaten!‹

Aber sie wollte nicht gehen. Also rief ich die Deutschen, und die Soldaten führten sie fort.«

DAS SPANISCHE DRAMA

SIE WAR EINE SPANIERIN von sechsunddreißig Jahren. Während des Bürgerkrieges hatte sie mit ihrem Mann und zwei Kindern in Barcelona gelebt. Sie war Stenotypistin und eifrige Katholikin, gehörte aber keiner Partei an. Als nach der Niederlage der Republik in Spanien die Diktatur etabliert wurde, bekamen sie Angst, und die ganze Familie emigrierte nach Frankreich. Bis zum Beginn des Krieges arbeiteten sie auf verschiedenen Höfen gegen Hungerlöhne. Als der Krieg ausbrach, wurde ihr Mann verhaftet und in das Konzentrationslager von Vernet geschickt, das, wie man sagte, für Kommunisten bestimmt sei. Sie arbeitete weiter bei den Bauern, um die beiden Kinder zu ernähren. 1942 war sie am Ende, wußte sich nicht mehr zu helfen und sah sich außerstande, ihre kleine Familie zu ernähren. In dieser Lage stellte sie einen Antrag auf Wieder-Einbürgerung nach Spanien. Ihr Visum kam ein Jahr später. Wir sahen diese Frau einige Tage vor ihrem Aufbruch, in einem kleinen Dorf unweit von Tournon in der Ardèche. Sie erzählte uns diesen Traum:

»Ich verpackte meine Habseligkeiten in eine kleine Pappschachtel. Es war alles, was wir noch besaßen. Was mich fertig machte war, daß die Schnur immer wieder riß. Plötzlich errötete ich: Ich schämte mich, weil ich keine Unterkleider aus schwarzer Seide hatte. Zum erstenmal seit unserem Weggang aus Spanien fühlte ich mich wirklich arm. Ich dachte an San Sebastian, eine Stadt, in der ich niemals gewesen war. Dann stieg ich in den Zug. Ich hatte Angst, keinen Platz zu finden. Es war der längste Zug, den ich jemals im Leben gesehen hatte. Meine Kinder und ich, wir waren die einzigen Reisenden, alle anderen Abteile waren leer. Meine Kinder redeten viel und laut, und davon wurde mir so übel, daß ich aus dem Fenster blickte. Der Zug fuhr unvorstellbar schnell, und ich sah vor der Lokomotive ein riesiges Bukett aus Blumen, groß wie ein Berg. Aber alle Blumen hatten eine scheußliche Farbe, eine Farbe, wie ich sie zuvor noch nie gesehen hatte. Es war die Farbe der Verwesung, grün und grau gemischt. Ich begriff auf einmal, daß diese Blumen Uniformen seien. Ich zog mich vom Fenster zurück, aber die Kinder fuhren fort, sich heiter und laut zu unterhalten. Der Zug fuhr und fuhr, zu beiden Seiten begleiteten ihn Uniformen im Laufschritt. Ich öffnete meinen Karton, um meine Kinder darin zu verstecken, aber Karton und Schnur gingen in einem fort entzwei. Meine Hände juckten, als hätte ich einen bösen Ausschlag; ich kratzte mich auf bis aufs Blut – das weckte mich dann auf!«

Tags darauf reiste sie dennoch ab.

DIE JUDEN

In den Monaten Juni oder Juli 1942 begann in der unbesetzten Zone Frankreichs die Jagd auf die Juden. Hin und wieder gelang es einem, sich zu verbergen, ehe die Gendarmen kamen. Dazu war jeder Ort recht, ja manche versteckten sich in Irrenanstalten. In dieser Zeit kam es zu grausamen und abscheulichen Szenen und zu zahllosen Tragödien. Verschiedene Männer der Kirche, wie zum Beispiel der Kardinal Gerlier, veröffentlichten Hirtenbriefe, in denen sie gegen diese Unmenschlichkeiten protestierten.

Wir waren unweit von Muret in einer kleinen Bezirksstadt von etwa tausend Einwohnern untergekommen. Die Gendarmen und den Brigadier kannten wir gut. Vor dem Krieg war der Brigadier ein Ordnungshüter wie alle anderen gewesen: Er machte Jagd auf Verbrecher und war höchst zufrieden, wenn er einen zur Strecke gebracht hatte. Er hieß Joyeux. Er hatte einen vierzehnjährigen Sohn, der war ziemlich intelligent, besuchte das Gymnasium in Muret und war der Stolz seines Vaters.

Als die Jagd auf die Juden begann, sagte uns Joyeux:

»Es macht keine Freude mehr, meinen Beruf auszuüben. Früher, selbst wenn man mit so einem armen Strolch Mitleid gehabt hatte, empfand man doch eigentlich keine Gewissenbisse, ihn wegen irgendeines kleinen Delikts einzubuchten. Jetzt aber ist alles anders: Ich bin praktizierender Katholik, gehe jeden Sonntag zur Messe und habe in der Kirche den Hirtenbrief des Kardinals Gerlier gehört. Zwei Tage darauf erhielten wir den Befehl, Frauen und Kinder der Juden aus den Betten zu holen!«

»Das hat Ihnen doch sicher leid getan?« fragte ich.

Er sah sich um, um sicher zu sein, daß uns niemand zuhöre, dann antwortete er mit leiser Stimme:

»Diese Juden, die sind nicht schlechter als Sie und ich. Sie haben Kinder wie ich, aber ich bin verpflichtet, sie zu verhaften. Die werden sich wundern: Sie werden zu einem Sammelplatz gebracht, in ein Lager, in dem es nichts gibt, weder Betten noch Verpflegung, nicht einmal Waschgelegenheiten. Dort soll die Ruhr grassieren und andere Krankheiten. Ein Kollege hat mir gesagt, daß sie weiter transportiert werden, irgendwohin, wo sie noch schneller draufgehen. Wenn Sie die Angst in diesen Gesichtern gesehen hätten, im Blick, Sie hätten gewiß ebenso schlimme Träume wie ich!«

»Warum haben Sie die armen Frauen nicht gewarnt, ihnen geraten, sich irgendwo zu verstecken?«

Er sah sich abermals um und flüsterte dann:

»Befehl ist Befehl! Sie müssen bedenken: Ich habe zwanzig Dienstjahre; ich kann nicht meine Pension riskieren, für die ich ein Leben lang gearbeitet habe. Und Sie können's mir glauben: Gendarm zu sein, das ist ein scheußlicher Beruf!«

Ich habe den Brigadier gebeten, mir seinen Traum zu erzählen:

»Mein Sohn kam auf mich zu, aber als er ganz nahe heran war, begann er plötzlich davonzulaufen. Ich lief ihm nach, ich rief und bat ihn, stehen zu bleiben:

›Ich bin doch dein Vater!‹

Er blieb für eine Sekunde stehen, und ich sah auf seinem Gesicht den gleichen Ausdruck fassungsloser Angst wie bei den jüdischen Frauen, die ich zum Ausleselager gebracht hatte. Er lief weiter, immer schneller, und die Distanz, die uns voneinander trennte, wurde nicht kleiner. So ging es tagelang weiter. Ich begriff, daß ich zu einer Gefahr für ihn geworden war und daß er mich nicht mehr sehen wolle. Er hatte Angst, daß er – sobald ich ihn eingeholt haben würde – ebenfalls nach Deutschland verschickt wird!«

EIN GREIS WIRD UM DIE WELT GEJAGT

Dieser alte Mann war früher Direktor des Häuteverkaufs im Schlachthof von Wien. Er war ein guter Familienvater, ein Kleinbürger ohne politische Interessen. Er war Jude, aber es erfüllte ihn mit Stolz, als Lueger, Wiens antisemitischer Bürgermeister, ihm zu seiner Silbernen Hochzeit ein Glückwunschschreiben schickte. Er ließ den Brief einrahmen, und seither hing dieser in einem goldenen Rokokorahmen über dem Ehebett. Der Mann hatte den Feldzug in Bosnien und der Herzegowina mitgemacht und eine Medaille von Kaiser Franz Joseph I. erhalten, auf die er ebenfalls stolz war. Er trug sie auch in seinem Exil und legte sie allabendlich auf seinen Nachttisch. Dann verrichtete er sein Abendgebet und dachte dabei an die alten Zeiten und die Größe dieses Kaisers.

Im Alter von sechsundsiebzig Jahren mußte er aus Wien fliehen, mit seiner Frau, die vierundsiebzig Jahre zählte. Sein Sohn, seine Tochter, der Schwiegersohn und zwei Enkelkinder gingen mit; eines war sechzehn, das andere vierzehn Jahre alt. Alles, was er in einem langen Leben erarbeitet hatte, blieb in Wien zurück. Er floh zuerst nach Belgien und zog, als sich auch dort die Gefahr näherte, weiter nach Frankreich. Hier wurden seine Kinder und Enkel interniert, wo und unter welchen Verhältnissen, erfuhr er nicht. Er selbst und seine Frau waren zu alt für die Deportation. Sie wurden zwangsverschickt in ein kleines Dorf in der Nähe von Toulouse. Zu dieser Zeit hatte der kleine alte Mann den folgenden Traum:

»Ich stand vor Gott...«

Ich unterbrach ihn:

»Gott? Wie sah der aus?«

Der Alte sah uns überrascht an, dann antwortete er sehr ruhig:

»Das weiß ich nicht. Wenn man Gott gegenübersteht, sieht man ihn doch nicht. Man hat gar nicht die Möglichkeit, ihn zu sehen. Ich weiß nicht einmal, ob ich in seiner Gegenwart die Augen zu erheben wagte. Ich sah nur ein Licht, das aus jener Gegend kam, wo er saß. Ich war aufgebracht wegen all dem, das er über meine Kinder verhängt hatte, und sagte:

›Warum hast du mir das angetan? Warum hast du mich verlassen, in dieser Lage, wo ich hilf- und ehrlos bin und in ständiger Gefahr? Warum hast du es zugelassen, daß man mir meine Kinder und meine Enkel genommen hat, die doch allesamt unschuldig sind? Welche Sünden habe ich begangen, daß man mich so bestraft? Sind wir nicht Menschen wie alle anderen auch? Und wenn wir anders sind – warum hast du uns so gemacht?‹

Ich fühlte, daß er mich ansah, ohne irgendeine Geste. Er antwortete nicht.

Das Merkwürdigste war, daß ich zugleich an einem anderen Traum beteiligt war, als hätte ich eine zweite Persönlichkeit. Ich war ein Bub von zwölf Jahren. Meine Eltern, meine Brüder und meine Schwestern waren im Eßzimmer. An einer Wand war das Photo von meinen Kindern befestigt. Ich fragte mich, wie es möglich war, daß mein Vater bei uns war, wußte ich doch von seinem Tod, als ich erst fünf Jahre zählte. Ich hatte keinerlei Erinnerung an ihn. Dann war ich in der Küche und hatte vor mir eine lange Maus in der Maske einer Spinne, die mich starr ansah. Ich machte mir vor Angst in die Hose und rief: ›Papa! Papa!‹

Mein Vater bewegte sich so wenig, wie sich Gott bewegt hatte. Ich nahm einen Besen und zerdrückte die Maus, schrie aber immer weiter: ›Papa! Papa!‹

Ich weiß nicht, ob ich dabei an Gott dachte. Ich wachte auf und mußte mich sogleich übergeben.«

DIE KLAGEN EINER ALTEN BÄUERIN

Sie hatte einen kleinen Bauernhof in den Bergen. Sie war buckelig und ihr Gesicht zog sich zusammen wie ein kranker Stein. Es war unmöglich zu sagen, wie alt sie sei. Wir waren die einzigen, die ihr hin und wieder etwas abkauften, und sie hatte ein wenig Zutrauen zu uns gefaßt. Denn es gab zwei Dinge, die sie fürchtete: die Trockenheit, weil sie schlechte Ernten gibt, und die Leute aus der Stadt, die alles zu teuer finden, was sie zu verkaufen hat. Sie sagte uns:

»Seit dem Krieg ist das kein Leben mehr. Man schläft nicht mehr ruhig. Die Leute rennen im ganzen Haus herum und reißen einem den Bissen vom Mund, und dafür geben sie das Papiergeld, das nichts mehr wert ist. Ich besitze soviele Banknoten, daß ich damit die Zimmer meines Hauses tapezieren könnte. Früher habe ich nie geträumt, ich hatte gar nicht die Zeit dazu. Jetzt aber bin ich dumm genug und lasse mir von den Träumen Angst machen.«

Wir haben sie gebeten, uns einen ihrer Träume zu erzählen, und da sie gern redete, bekamen wir wirklich einen zu hören:

»Ich jätete Blumen im Garten, weil ich Schweinefutter anpflanzen wollte. Überall, wohin ich ging, lief mir eine Katze in die Quere. Dann wollte ich die trockene Erde gießen, aber meine Pumpe funktionierte nicht. Ich begann zu fluchen, denn die Pumpe meines Nachbarn arbeitete. Hinter dem Gitterzaun hockte der Nachbar auf seinen Fersen und sagte mit einem schadenfrohen Lachen:

›Warum willst du überhaupt gießen? Deine Pflanzen sind doch alle voll Eiter! Innen sind sie ganz voll Eiter. In meinen Pflanzen gibt es das nicht. Und weißt du, woher das kommt? Es ist deine Katze, die den Eiter bringt!‹

Ich antwortete nicht, aber ich prüfte meine Karotten, meine Kohlrüben, meine Salatköpfe. Alle waren gesprenkelt, und ihre gesunden Farben waren verschwunden. Ich wollte hinüber zu meinem Nachbarn, um ihm das Gesicht zu zerkratzen, aber in diesem Augenblick hielt ein sehr eleganter Wagen vor seiner Tür, und ein großer Mann vom Schwarzmarkt stieg aus. Ich war wütend sehen zu müssen, was für gute Geschäfte mein Nachbar machte und wie er immer noch reicher wurde. Dann kam so ein Hungerleider auf meinen Hof und fragte, ob ich nichts zu verkaufen hätte. Ich schrie ihn wütend an:

›Gehn Sie doch zu meinem Nachbarn, der hat alles. Ich habe selbst nichts zu essen!‹

Ich wurde immer zorniger. Bei meinem Nachbarn regnete es, bei mir herrschte Trockenheit. Ich war schließlich so außer mir vor Wut, daß ich aufwachte.«

DIE RESISTANCE

Der Gatte dieser Dame war ein Großgrundbesitzer in Lothringen. Sie lebte getrennt von ihm mit einer lesbischen Freundin. Als diese Freundin sich als Nazisse entpuppte, wandte sich die Frau – teils als Reaktion, ein wenig wohl auch aus Patriotismus – wieder ihrem Mann zu, der eine gewisse Rolle in der Widerstandsbewegung spielte. Er wurde in Limoges von der Vichy-Miliz totgeschlagen. Nach der Befreiung traf ich mit dieser Frau zusammen und wir sprachen von dem heroischen Kampf gegen die Besatzungsarmeen. Zu dieser Zeit beklagte eine Tageszeitung aus Valence in einem Artikel die Rehabilitierung von Verrätern. Ich zeigte ihr das Blatt und fragte sie um ihre Meinung.

Sie sah mich mit einem ironischen Lächeln an und fragte mich:

»Glauben Sie wirklich, daß einem das Heldentum angeboren ist?«

Ich antwortete erstaunt:

»Aber Sie waren doch eine prominente Widerstandskämpferin, und jetzt wollen Sie die Verbrechen der Kollaborateure verniedlichen?«

Mit dem gleichen Lächeln sagte sie:

»Übertreiben Sie nicht gleich, und vor allem: werden Sie nicht literarisch. Man könnte unschwer herausfinden, daß einige Résistance-

Kämpfer auch Geld von den Nazis bekommen haben.«

Ich sah sie ein wenig verschreckt an. Sie aber lächelte noch immer, wies auf ihren Mund und sagte:

»Sehen Sie, die Gestapo hatte mir viele Zähne ausgeschlagen, einen nach dem anderen. Nach jedem Zahn schrien sie mich an: ›Rede schon, du versnobte Sau – wo ist der Maquis? Wer sind seine Führer?‹ Es kam der Augenblick, wo ich sprechen wollte, aber der Schmerz war so fürchterlich, daß ich kein Wort herausbrachte. Nach dem achten Zahn sagte ich mir: Noch einer, dann nehme ich alle meine Kräfte zusammen und sage ihnen alles, was sie wissen wollen. Glücklicherweise aber befahl der Chef der Gestapodienststelle: ›Werft die Sau in irgendein Loch, morgen machen wir weiter.‹

Als ich in meiner Zelle auf dem Boden lag, hatte ich den folgenden Traum:

Ich war die Figur eines Halbreliefs, das man demolierte. Auf dem ganzes Bas-Relief wuchsen Erdbeeren. Ich fragte mich, ob das nicht viel mehr mein getrocknetes Blut wäre. Ich stellte mir noch andere Fragen, denn es ist Wahnsinn, was für Fragen man sich in einem Traum stellen kann. Dann erschien, immer noch in meinem Traum, ein Gestapobeamter. Er stank nach Alkohol und schrie im Delirium tremens:

›Aus den Erdbeeren versnobter junger Weiber fabrizieren wir Blutwurst!‹

Er schlug auf das Halbrelief ein und zerbrach es. Dabei schrie er:

›Aber dieses Snobweib da, das hat Bauchweh. Das gibt eine Blutwurst, die wir gar nicht essen könnten!‹

Im gleichen Augenblick kam mir der Gedanke, ob die Gestapo nicht durch einen unserer Genossen auf mich gekommen war. Nach diesem Traum wurde ich dann durch ein Kommando der Résistance befreit. Sie können mich nun für eine Heldin halten, weil ich geschwiegen habe, oder für eine Verräterin, weil ich bereit war, alles zu sagen...«

DER KRIEGSGEWINNLER

Sie war eine Lehrerin von dreiundzwanzig Jahren. An das große Glück glaubte sie nicht mehr. Ihr Freund hatte seit Beginn des Krieges große Geschäfte gemacht. Als sie ihn kennengelernt hatte, war er ein kleiner Ladenschwengel gewesen, und sie hatte ihn mehr geliebt als jetzt. Seit er in Geld schwamm, fühlte sie, daß er ihr eigentlich fremd war, und das machte sie ängstlich, ohne bestimmten Grund. Seine Überheblichkeit schockierte sie. Er bildete sich unendlich viel auf seine Geschicklichkeit ein, wie er die Deutschen an der Nase herumführte und ausnahm. Diese junge Lehrerin erzählte uns den folgenden Traum:

»Jacques hatte begonnen, mit Fetischen zu handeln. Er zwang mich, in der Schule falsch zu singen. Ich wußte, daß dies ein Verbrechen an den Kindern war. Ich rührte eine Mischung schwarzer und violetter Farben an. Plötzlich erschien Jacques in diesem Ragout, kratzte sich den Kopf und legte los:

›Die Unglücklichen glauben, daß sie aus Glas sind und daß jeder ihnen ins Herz sehen kann. Ich bin aus Eisen geschmiedet. In meinen Törtchen ist mehr Butter als Brotteig. Die Deutschen sind Menschen aus Ersatzmaterialien, und ich bin ihr Menschenfreund. Zu den Waren, die ich ihnen verkaufe, gebe ich französisches Blut hinzu, damit etwas Menschliches dabei ist. Denn das sind schließlich Fetische, mit denen man die Gehirne waschen kann.‹

Ein rotschwarz gestreifter Schmetterling flatterte ins Zimmer herein. Ich wollte seine angebliche Menschenfreundschaft zerfetzen, aber er war gerade im Begriff, ein Geburtstagsgeschenk auszupacken. Es war ein Wurm in grellen Farben, und das Wasser, in dem er schwamm, hatte ein sehnsüchtiges afrikanisches Gesicht. Ich hörte Musik aus einem Automaten. Der Schmetterling flatterte um meine Brüste, und ich war auf einmal sicher, daß ich niemals Kinder bekommen würde. Im Wasser schwammen durchscheinende rote Fische, und ich konnte ihre Körper sehr genau beobachten, selbst das Grätenskelett. Diese Gräten erinnerten mich an Malaria-Mikroben. Jemand schrie:

›Man hat alle Kirchen geschlossen!‹

Jacques begann zu lachen. Hinter dem Wasser mit den roten Fischen zündete irgend jemand einen Gaskocher an, um Essen zuzubereiten. In meinem Kopf war ein Lärm wie von Flugzeugen, und das durch Stunden. Ich hatte Angst, daß dieser Lärm mich in die Schule begleiten würde. Während dieser ganzen Zeit rühmte Jacques sich immer weiter seiner Fetische, vor allem jener, die er in Ziffern eingehüllt hatte. Schließlich verschwand er, und ich sah nur noch Ziffern über Ziffern.«

DER RASSISMUS

Eine junge Frau, die mit einem Juden verheiratet war, wußte gar nicht, was Rassismus sei und daß es so etwas gebe. Sie machte die Bekanntschaft mit dieser Kuriosität erst während der Besatzungszeit in Frankreich. Ihr Mann wurde deportiert, und von ihr verlangte man die Beweise dafür, daß sich unter ihren Vorfahren kein Jude befände. Sie erzählte uns den folgenden Traum:

»Ich war elf Jahre alt und verheiratete mich mit einem Neger. Man beschimpfte mich von allen Seiten:

›Daß du dich nicht schämst, du, eine reine Arierin, und jetzt heiratest du so einen schmutzigen Schwarzen!‹

Eine Geißel aus Zwiebeln, die auch noch mit Zwiebelöl eingeschmiert war, diente dazu, den armen Neger totzuprügeln. Ich hatte den Eindruck, er habe das Gesicht meines Gatten. Ich sah die Geißel selbst nicht, aber ich hörte die Schläge, und ich war auf einmal überzeugt, bei dieser Geißel handle es sich um eine bislang unbekannte Krankheit.«

DER KUNSTHISTORIKER

IM JAHR 1943 WAR ES soweit, daß auf Anordnung der Besatzungsbehörden auch im unbesetzten Teil Frankreichs Jagd auf Juden gemacht wurde.

Der alte Herr saß an jedem Morgen auf einem kleinen Hügel und rauchte getrocknete Rosenblätter oder Maistabak, der entsetzlich schlecht roch. Der Rauch brachte ihn zum Husten und Spucken, aber ihn zu entbehren war er nicht imstande. »Ohne zu rauchen«, pflegte er zu sagen, »kann man nicht denken.« Sah man ihn aber genauer an, so gewann man den Eindruck, daß er nicht nachdachte, sondern träumte.

An Sonnentagen hoben sich die Pyrenäen in der Ferne aus dem leuchtenden Blau des Himmels, und hinter den Gipfeln gewahrte man eine schüchterne weiße Wolkenlinie.

Der alte Herr war ein weltbekannter Kunsthistoriker. Seine Bücher waren in alle Kultursprachen übersetzt und wurden in vielen Ländern geschätzt. Niemand kannte besser als er die spanische Malerei. Er brauchte keine aufwendige technische Analyse, um falsche Gemälde von echten zu unterscheiden. Ein einziger Blick genügte, um zu erkennen, ob er einen Greco, einen Velasquez, einen Goya vor sich hatte und wann das Bild gemalt worden sei.

Eines Tages sagte ich ihm im Gespräch:

»Auf der anderen Seite, am Südhang der Pyrenäen, hat der Haß gegen die Juden begonnen. Und jetzt regiert Franco dort, der Busenfreund von Adolf Hitler!«

Der alte Herr schüttelte bedächtig den Kopf und sah mich lange an. Er hatte die Übung verloren, sich mit jemandem zu unterhalten; in der Regel waren es die Gendarmen, die ihn ansprachen.

Er antwortete mir:

»Ganz so einfach liegen die Dinge nicht. Ich habe in Spanien viele Erinnerungen zurückgelassen und hatte niemals die Zeit, mich mit der Politik zu beschäftigen. Ich bin nichts anderes als ein Kunsthistoriker. Es ist denkbar, daß die Religionskriege Auswirkungen auf die Kunst hatten. Aber das gehört in den Bereich der Sittengeschichte, mit der ich mich nie befaßt habe. Ich interessiere mich in erster Linie für El Greco, für Velasquez und für Goya. Alles übrige verstehe ich gar nicht und habe auch nicht den Ehrgeiz, es zu verstehen!«

Nach einer längeren Pause setzte er hinzu:

»Und die Sache mit den spanischen Juden, die liegt auch nicht so einfach. Hat es denn eine Bedeutung, ob man sich nun als Christ oder als Jude bezeichnet? Was zählt, ist, daß Menschen entstehen wie jener Velasquez oder wie Goya. Eines Tages hatte ich den Wunsch, den Kirchenschatz des Erzbistums Toledo zu sehen. Meine spanischen Freunde sagten mir: Da du Jude bist, wird man dir niemals die Erlaubnis dazu geben. Ich wandte mich schriftlich an den Erzbischof persönlich und erhielt die Einladung zu einem Gespräch. Ich hatte mich da auf allerlei eingelassen, denn wenn man zu einem Erzbischof geht, ins Zimmer tritt, muß man zunächst einmal niederknien und ein Kruzifix aus Gold küssen, das einem vor den Mund gehalten wird. Ich blieb stehen, und der Herr Erzbischof blickte mich befremdet an. Ich entschuldigte mich, indem ich bekannte, ich sei Jude. ›Ich auch‹, antwortete der Erzbischof, ›aber wenn man El Greco, Velasquez und Goya liebt, kann man doch ein Opfer bringen und das Kruzifix küssen.‹

Daraufhin wollte ich nun niederknien und tun, wie angeraten, aber er zog das Kreuz aus Gold weg, sprach mir von meinen Büchern, die er alle gelesen hatte, und führte mich mit großer Kennerschaft durch den Kirchenschatz von Toledo.«

Nach dieser langen Unterhaltung sprach ich noch öfter mit dem alten Herrn. Er erzählte mir, daß er nur die drei schon mehrfach erwähnten Maler wirklich liebe, und daß man sie eigentlich nur in Spanien verstehen könne. Ich zitiere ihn wörtlich:

»Ich wäre bereit, alle Opfer auf mich zu nehmen, ja die spanischen Gefängnisse von innen kennenzulernen, um im Dunstkreis dieser drei Maler leben zu können!«

Der alte Mann war Jude und lebte zwangsverschickt in der Haute-Garonne. Er schrieb einen Brief nach dem anderen an den Erzbischof von Toledo und wartete vergeblich auf Antwort. Er versuchte mehrfach, illegal in Spanien einzureisen, wurde aber jedesmal von der Gendarmerie aufgegriffen und in den ihm zugewiesenen Ort zurückgebracht. Nach einem dieser gescheiterten Versuche erzählte er mir den folgenden Traum:

»Ich kroch durch einen sehr engen Tunnel, um nach Spanien zu gelangen. Plötzlich hörte ich ungeheures Gelächter, das aus einem Gemälde des Francisco de Goya drang. Dieses Lachen machte mich ohnmächtig. Der Erzbischof von Toledo weckte mich mit Hilfe seines goldenen Kruzifixes. Es war eine Nacht der Verfolgungen. Soldaten mit den Visagen umherstreunender Hunde trugen flüchtig eingehüllte blutige Köpfe unter ihren Mänteln. Ich hatte kalte Füße. Meine Enkelin, ein entzückendes Mädchen, hielt mir eine Zeitschrift vor die Augen. Meine Familie nahm sich so dumm aus wie die Bauern auf einem Gemälde von Brueghel. Sie reckten mir ihre bloßen Arme entgegen. Sie beklagten sich in allen Sprachen der Welt. Sie wollten mich sprechen hören. Sie glaubten nämlich, das würde sie vor dem Pogrom retten. Aber ich hatte alle meine Worte in Spanien verloren. Meine Enkelin, süß wie immer, sagte mir zitternd:

›Warum sind deine Arme nicht warm für deine Familie?‹

Ich kroch weiter in Richtung Spanien. Ich suchte nach meinen Worten in der Kapelle, in die mich der Erzbischof geführt hatte, und ich weinte vor den Bildern von Velasquez, Goya und El Greco:

›Gebt mir meine Worte zurück, ich brauche sie jetzt, um meine Enkelin zu retten!‹

Aber alles blieb stumm, und ich hatte Angst, zu meiner Familie zurückzukehren.«

Ich fragte ihn, was er selbst von seinem Traum halte. Er antwortete nicht. Ich fragte ihn, warum er denn diesen Ort nicht verlasse und sich irgendwo mit seiner Familie verberge. Auf seinem Gesicht war zu erkennen, daß er mit sich selbst kämpfte, und nach einer längeren Pause sagte er, indem er jedes Wort einzeln betonte:

»Ich weiß nicht, ob dieser Hitler nicht vielleicht doch Recht hat. Sein Reich wird vielleicht wirklich tausend Jahre währen. Und dann ist das Judentum erledigt, und das gilt dann auch für den Erzbischof von Toledo. Vielleicht weiß auch er, daß Hitlers Reich die Jahrhunderte überdauern wird und antwortet mir darum nicht.«

Danach stimmte er seine Klage an:

»Und ich werde nie mehr mit El Greco, mit Velasquez und mit Goya sprechen können!«

Er zündete seine Pfeife an und blickte den Rauchwolken nach.

Bald darauf verschwand er, verließ seine Familie, und niemand wußte zu sagen, was aus ihm geworden sei. Später griff man dann mit anderen Juden auch die Seinen auf und führte sie fort.

EIN PARISER STRASSENJUNGE SUCHT DIE GEFAHR

NUR NOCH WENIGE MENSCHEN denken daran, daß vor sechs oder sieben Jahren* ein junger Schauspieler von seiner Frau getötet wurde. Der arme Junge hatte etwas von Marceaus Bip: Ein inneres Feuer trieb ihn ohne Unterlaß, die Gefahr zu suchen. Als er seine Familie verließ, war er beinahe noch ein Kind. Er wurde Ausrufer auf Jahrmärkten, ließ Teller tanzen und handelte schließlich mit Waren aller Art. Auf der *Foire du Trône*** entdeckte ihn Jean Renoir und gab ihm eine kleine Rolle in seinem Film *La Marseillaise.* Um diese Zeit etwa wurde er auch Kommunist, engagierte sich ernsthaft und war überall anzutreffen, wo es zu Zusammenstößen kam. Im spanischen Bürgerkrieg schwamm er allein durch einen Fluß, über den die Maschinengewehrsalven Francos strichen. Er hätte durchaus eine Zukunft beim Film gehabt, denn er sah gut aus. Aber überall, wo man ihm eine Rolle gab, veranlaßte er die Kleindarsteller und Statisten, höhere Tagesgelder zu verlangen. So geriet er schließlich auf die schwarze Liste der Produzenten, und man verpflichtete ihn nicht mehr. Im Jahr 1939, als die Kommunistische

* also um 1955

** Honigkuchenmarkt zu Ostern, vornehmlich auf der Place de la Nation, die früher Place du Trône hieß. (A. d. Ü.)

Partei in ganz Frankreich verboten wurde, vertrieb er ihr illegales Propagandamaterial, indem er auf dem Fahrrad von einem Ort zum anderen fuhr.

Er wurde einberufen, stellte sich aber nicht, und als man ihn verhaftete, war die Folge, daß er in die vordersten Linien geschickt wurde. Bald darauf wurde er gefangen genommen.

Als ich ihn 1945 in Saint-Germain-des-Prés wiedersah, befragte ich ihn natürlich nach seinen Träumen in der Kriegsgefangenschaft.

Er fand meine Frage ein wenig lächerlich, erzählte mir aber trotzdem den folgenden Traum:

»Ich radelte auf einem alten und klapprigen Fahrrad und wollte mich an der Tour de France beteiligen. Als meine Kameraden mich so ankommen sahen, brachen sie in Gelächter aus. Es war an einem Pfingstsonntag. Der Startschuß erklang. Einige schwangen sich mit ihren dreckigen Füßen sogleich in die Lüfte und ließen heulende Flammen hinter sich. Ich begriff, daß ich die Tour de France verloren hatte. Es war eine betrübliche Erkenntnis, denn ich hatte meiner Großmutter versprochen, ihr mein Gelbes Trikot zu bringen. Sie wollte mich im Gelben Trikot photographiert haben, um sich das Bild über das Bett zu hängen. Meine Zähne knirschten vor Enttäuschung, und dann fand ich mich in einem Flugzeug wieder. Sirenen heulten. Während das Flugzeug seinen Weg mit unverminderter Geschwindigkeit fortsetzte, begannen die Passagiere, aufeinander einzuschlagen. Ich öffnete meinen Koffer und versuchte, meine Propagandaschriften unter die Leute zu verteilen. Der Kampf endete, denn alle zeigten mit dem Finger auf mich und riefen:

›Erst werden wir den da auffressen, dann fressen wir einander gegenseitig auf!‹

Ich war sehr zufrieden, daß diese Szene endlich zu Ende ging, denn ich hatte tatsächlich gefürchtet, in den Mägen der Streithähne zu landen. Ein *Herr Doktor** stellte ein Faß Bier vor sich hin, schlug mir auf die Schulter und sagte:

›Im Namen des Führers gestatte ich dir, ein Theater hier im Stalag aufzuziehen. Aber du mußt dich dabei über die Franzosen lustig machen. Das kann dir doch nicht schwerfallen, denn du bist eine Mischung aus Neger und Jude.‹

Ich bat den Herrn Doktor um ein paar deutsche Soldaten, die bei mir auftreten sollten.

›Wir wollen eine Festaufführung vorbereiten, zum Geburtstag des Führers*!‹

Ich kleidete die deutschen Soldaten in gestreifte Hemden und malte auf jedes Hemd eigenhändig ein Portrait des Führers*. Ich hatte vor, zu beweisen, daß wir Franzosen die Deutschen schlagen könnten, wenigstens auf dem Gebiet des Humors. Aber die Soldaten in ihren Hemden wirkten nicht komisch, sondern so traurig wie Fehlgeburten. Der Herr Doktor brüllte:

›Dieser Kommunist muß enthauptet werden!‹

* Deutsch im Original (A. d. Ü.)

Ich begann zu rennen, und der Schweiß aus dem Flugzeug rannte nun hinter mir her. Hinter dem Angstschweiß aber lief ein Schmied mit dem Henkerbeil. Ich schrie:

›Tante, gib mir doch deine Lampe. Ich möchte mich photographieren lassen, in höchster Gefahr, und das Photo will ich dann Großmutter schenken!‹

Diese Tante war früher einmal sehr schön gewesen, nun aber war ihre Haut runzelig; ihre Lippen waren bleich und zittrig, als sie antwortete:

›Die Deutschen haben mir doch tatsächlich alle meine Lampen gestohlen!‹

Dann bin ich aufgewacht.«

TRAUM IN EINEM IRRENHAUS

Er war in Prag geboren und wohnte seit 1912 in Paris. Er hatte die Absicht gehabt, Maler zu werden, aber er wurde Kaufmann. Bis 1942 hatte er halb freiwillig, halb gezwungenermaßen allerlei Geschäfte mit der deutschen Besatzung gemacht. Dann bekam er es mit der Angst zu tun, denn er hatte ein paar Tropfen jüdischen Blutes in seinen Adern, und er versteckte sich in einem Irrenhaus. Ende 1942 verließ er dieses Versteck, und nun zeigte sich, daß dieser sonst so schweigsame Mann auf einmal geschwätzig geworden war. Zweifellos hatte er in der Zeit, in der er untergetaucht war, eine Menge Worte gehortet, die er nun alle loswerden wollte. Vor dem Krieg hatte er einen Bart getragen, als wolle er sein wahres Gesicht verhüllen; nun ging er glattrasiert. Ich fragte ihn, wo er denn den Schmuck seines Gesichtes gelassen habe, und er antwortete:

»Ich bin ein doppelter Patriot, einmal als Tscheche und einmal als Franzose. Als ich mich in jenes Asyl zurückzog, riet mir ein Arzt: Lassen Sie sich den Bart abnehmen. Die Deutschen sind so naiv, daß sie alle Leute mit Bärten für Spione halten; Sie werden sehen: bartlos kann man sein Gesicht viel besser verbergen.«

Diese Erklärung fand ich so originell, daß ich den Prager fragte, ob er nicht interessante Träume gehabt habe in dieser Zeit und ob er mir einen erzählen würde.

Und dies war sein Traum:

»Ich handelte mit Kaninchenfellen. Zugleich aber pflanzte ich auf den Feldern Silberbarren an. Die Leute, die mir ihre Kaninchenfelle verkauften, fragten mich:

›Hätten Sie nicht einen Schlüssel zu verkaufen? So einen Schlüssel, wissen Sie, der die Gehirne aufsperrt?‹

Ich blickte über die Felder hin, auf denen meine Silberbarren wuchsen, und bemerkte beim genauen Hinsehen, daß hier nicht mehr Silber wuchs, sondern daß eine Flüssigkeit aus der Erde quoll, aus der sich Köpfe bildeten. Ich bekam Angst und begann, die Erde aufs neue umzustechen. Während ich so herumgrub, sah ich, daß es sich nicht um irgendeine Flüssigkeit handle, sondern um Blut, und in diesem Blut schwamm eine Taube.«

EIN ARMER MANN

ALS ICH DIESE TRÄUME sammelte, erschreckte mich immer wieder die ungeheure Tragödie, die so viele Menschen durchlebten. Es hätte der Feder eines Dante oder Dostojewski bedurft, um sie darzustellen. Ich habe mich auch gefragt, ob ich denn überhaupt ein sicheres Urteil hätte über all das, was ich mitangesehen habe. Oft, sehr oft schien mir ein Eindruck an die Grenze zwischen Vernunft und Irrsinn vorzustoßen.

Die Träume, die ich hier vorlege, ähneln ein wenig dem Roman *Die Dämonen* von Dostojewski.

Der Mann, von dem ich jetzt sprechen möchte, hatte einst den Ruf großer Redlichkeit und Aufrichtigkeit. Jahre hindurch war er der Sekretär eines führenden Kommunisten im Deutschen Reich gewesen, und von 1933 bis 1937 organisierte er gemeinsam mit diesem berühmten Mann die Verteilung der heimlich gedruckten antinazistischen Schriften der KPD.

Jener prominente Kommunist wurde 1938 aus der Partei ausgeschlossen; sein Sekretär teilte zwar nicht alle seine Ansichten, ging aber aus Freundschaft mit ihm ins Exil.

Als der Krieg ausbrach, wurde der Sekretär in das Konzentrationslager von Vernet gebracht, als gefährlicher Kommunist. Er brachte dort die schmerzlichsten Zeiten seines Lebens zu: Umgeben von früheren Genossen blieb er, der sich gerne anschloß, der ein Mensch mit Herz und Gemüt war, nun völlig isoliert, es war praktisch eine Art Quarantäne.

Die Häftlinge bildeten eine kommunistische Zelle im Lager, und wenn es besonders hart kam, sangen sie ihre revolutionären Lieder. Er war von allem ausgeschlossen und hatte nicht einmal das Recht, mit ihnen zu singen. Oft sagte er sich:

»Komme ich hier einmal heraus, so ist mein erster Weg der zur Partei. Ich werde Selbstkritik üben und alles tun, um wieder aufgenommen zu werden. Ich kann ohne die Freunde nicht mehr leben. Ich möchte mit ihnen singen wie früher.«

1942 und 1943 wurde die Lage der Häftlinge furchtbar. Das Lager wurde nun von der Besatzungsmacht überwacht. Die Verpflegung war elend und niemals ausreichend. Am schlimmsten waren die Kinder betroffen, sie starben wie die Fliegen. Die Quäker versuchten, das Elend ein wenig dadurch zu mildern, daß sie Lastautos mit Lebensmitteln für alte Leute und für die Kinder schickten.

Zu Beginn des Jahres 1943 begannen SS-Offiziere, das Lager allmonatlich zu besuchen. Sie stellten Listen aller Insassen auf und nahmen den einen oder anderen mit sich. Jeder wußte, daß das Ende nahe war, und eines Tages verbarg sich der KP-Sekretär in einem der Lebensmittelwagen der Quäker und flüchtete. Er hatte vorher die Leitung der kommunistischen Zelle um die Genehmigung zu dieser Flucht gebeten, aber lediglich die Antwort erhalten: »Ihr Fall, Monsieur, geht uns nichts an!«

Seither lebte er unter falschem Namen in einem Kinderlandheim in der Ardèche. Es waren die friedvollsten Tage seines Lebens, bis eines Tages eine kleine Meldung aus einer Tageszeitung alles umwarf: In einem abgelegenen, unzugänglichen Waldstück hatte man den schon halbverwesten Leichnam seines einstigen Chefs aufgefunden. Er hatte einen Strick um den Hals, als habe er sich erhängt, aber es gab Anzeichen dafür, daß der Ast abgebrochen sei, so daß er zu Boden fiel. Das alles mußte vor Jahren geschehen sein, und die Frage, ob Mord oder Selbstmord, ließ sich nicht mehr schlüssig entscheiden.

Der Sekretär war wie vor den Kopf geschlagen. Es war nichts mehr mit ihm anzufangen, es fehlte ihm auch der Mut zur Arbeit. Wenn er schlief, suchten ihn die furchtbarsten Träume heim.

Ich habe lange gezaudert, seinen Traum in dieses Buch aufzunehmen. Aber da er die große Tragödie widerspiegelt, die wir alle durchlebt haben, entschloß ich mich schließlich, ihn ohne Stellungnahme und ohne Vorbehalte wiederzugeben:

»Ich suchte eine Lagerstatt, denn ich mußte ausspannen. Ich trank eine Menge Bier. Überall, wohin ich ging, gewahrte ich die Spuren nackter Füße. Als ich in den Spiegel blickte, sah ich, daß ich ein Känguruh sei, aber ich staunte darüber nicht im geringsten. Nach der mikroskopischen Prüfung der Fußspuren stellte ich fest, daß ich selbst sie hervorgebracht hatte. Ich fragte mich, was ich eigentlich suchte und erinnerte mich, daß es ein Bruder war; ich suchte ihn, um ihm die Hand zu drücken. Der Himmel wurde von ganzen Rabenschwärmen verdeckt, die jedoch alle Blutstürze hatten. Ich weiß nicht, wie ich plötzlich auf den Gedanken kam, daß ich meine Ehre dem Ehrgeiz meines Chefs geopfert hatte. Ein riesiges, zu einem Ballon aufgeblähtes Kind zerplatzte vor meinen Augen. Der Gestank der Raben widerte mich an, und ich bekam keine Luft. Ich fragte mich, wieso ich auf einmal krank geworden sei. Ein Mann pflanzte sich vor mir auf. Seine Kleider hingen in Fetzen von ihm. Er war entsetzlich groß und mager. Seine Haare waren geschnitten wie die eines Bettelmönches, und er hatte eine Eunuchenstimme. Mit einem Revolver in der Hand stand er vor einem Schuhgeschäft an der Place de la Bastille und wandte sich an die Etiketten, auf denen die Preise angegeben waren:

›Die Begeisterung, das ist eine Geschichte aus Alkohol und Weißwürsten!‹

Ich legte mir die Hand auf die Stirn und sagte:

›Aber mein Chef war doch klein und dick!‹

Plötzlich wandte er sich an mich:

›Im Leben braucht man nur künstliches Licht. Es ist gefährlich, zu reden, wenn man sich nicht sieht. Man verliert dann das Gleichgewicht. Du weißt, daß man Hitler immer einen großen Spiegel gegenüberstellt, wenn er spricht?‹

Sein Gesicht verzog sich in einer Wahnsinnsgrimasse und wurde kalt wie ein Eisbrocken. Auf einmal erkannte ich ihn: Es war ein Masseur, der elegante Frauen als Kundschaft gehabt hatte. Glocken läuteten und sagten mir, daß ich diesem Masseur nie zuvor begegnet war. Er sagte mir:

›Du bist nur ein armer Helfershelfer. Ich aber habe keine Wahl, ich muß mich deiner bedienen. Gewiß, zugegeben, die Großmutter, die ich umgebracht habe, die war unschuldig. Aber du weißt: Die Französische Revolution brachte die Philanthropie hervor, und auf diese Weise zerstörte sie die Gefahr.‹

Er riß alle Knöpfe von meinen Kleidern und Unterkleidern, und auf einmal war ich nackt.

›Man muß nackt sein‹, sagte er, ›um die Gefahr zu lieben!‹

Ich spie ihm voll Abscheu in die Augen, und er verschwand. Ich begriff, daß dies eine wirksame Methode sei, sich gewisser Leute zu entledigen.

Dann befand ich mich in einem Wald und verfolgte einen Rehbock. Bilder drangen in mein Gehirn. Ich schrie:

›Ich bin kein Übeltäter. Und genau genommen war auch mein Chef ein Hitler-Opfer!‹

Irgend jemand plazierte sehr geschickt verschiedene Spiegel in meinem Kopf, meinem Herzen und meinem Bauch. Es war tatsächlich komisch, sich selbst zu beobachten und in einem verstaubten Spiegel den tiefsten Grund des eigenen Wesens zu sehen. Meine Zigarette erlosch. Schläge prasselten auf mich ein. Ich entsann mich auf einmal dessen, was Egon Erwin Kisch mir bei meinem Parteiausschluß gesagt hatte:

›Wenn Sie sich so stark fühlen, warum stehen Sie dann nicht an Stalins Platz? Warum hat man dann nicht Sie gewählt?‹

Ich wußte nicht mehr, wo ich mich befand. Ein Mann war in der Nähe, bemerkte mich aber nicht. Er war gekleidet wie ein Maurer oder ein Polier. Er rechnete und rechnete, und wenn er sich verrechnet hatte, schrie er wütend auf:

›Himmelherrgott! Schon wieder habe ich Marx nicht begriffen! Ein Baumeister hat einfach nicht das Recht, sich zu irren!‹

Er sah mich in einem Spiegel an, um die Ursache seines Irrtums zu entdecken. Er berechnete die Anzahl von Badezimmern und Gärten, deren die Menschheit bedurfte. Dazu spielte man Musik von Berlioz. Der Polier schlug kräftig mit der Faust auf den Tisch und schrie:

›In all diesen Gärten wird man gegen die Düfte der Lüge singen!‹

Ich versuchte, von dem Mann bemerkt zu werden, aber er spuckte nur auf meine Schuhe und sagte:

›Die Herzensangelegenheiten des kleinen Herrn gehen uns nichts an.‹

Es war das Wort *Monsieur,* nicht das Wort *klein,* das mir weh tat. Er fügte hinzu:

›Ich glaube, daß dieser kleine Herr elegante Schuhe aus kastanienfarbenem Leder liebt!‹

Mit unvorstellbarer Geschwindigkeit brachen in mir alle Spiegel. Nur ein paar Splitter blieben übrig. Ich war auf einmal ein Sandwich-Man und trug auf Brust und Rücken große Plakate mit der Aufschrift: *Ich will nicht in einem Bienenstock leben.*

Ich war in der Werbekampagne eines großen Mannes tätig und ging mit meinen Plakaten vor seinem Park spazieren. Während ich so ging, sagten die Spiegelscherben in mir mit schwacher Stimme:

›Aber es war doch nicht so, daß du den Bienenstock verlassen hättest – man hat dich hinausgeworfen!‹

Der Park des wichtigen Mannes war in ein seltsam schweres Licht getaucht, es war grau und violett. Ich fragte mich, wie man denn eine Landschaft mit dem Rauch einer Zigarre malen könne. Während er malte, machte ein Photograph Aufnahmen von ihm. Zu diesem sagte der wichtige Mann:

›Überanstrenge mein Gesicht nicht mit deiner Menschenfreundlichkeit, deiner Philanthropie. Nein, nein, ich bin reich genug und glänzend, ich brauche keine Vögel in meinen Landschaften.‹

Von Zeit zu Zeit schlich ich mich in diesen Park und schluchzte:

›Ich schleppe meine Plakate jetzt schon so lange herum. Der Herr hat mir versprochen, für meinen Chef eine offizielle Messe lesen zu lassen, und ich warte noch immer.‹

Der mächtige Mann kratzte sich am Kopf und sagte:

›Ja, ja, aber ist das so wichtig? Du hast genug zu essen, und er ist doch schon tot! Viele deiner früheren Genossen sind tot. Selbst wenn ihr Tod einen Sinn gehabt hat, wozu soll es gut sein, für sie Messen lesen zu lassen? Gestern wurde Thälmann ermordet. Ich habe dagegen protestiert. Aber auch das ist heute ohne Bedeutung!‹

Als ich den Namen von Thälmann hörte, vergaß ich vollständig, daß ich wegen meines früheren Chefs hier sei. Der wichtige Mann verwandelte sich in einen Gashahn und setzte einen Zylinder auf wie ein Totengräber. Er legte seine riesigen Hände auf meine Schultern und sagte:

›Auf diese Weise kann der Mann mit seinen Berechnungen uns nicht erkennen, und er wird denken, er rechnet auch für uns!‹

Ein Mann aus der Auvergne schlug mir auf eine unangenehme Weise auf die Schulter. Er war ein Prediger des *Christian Science,* und ich roch seine feuchten Hände. Er sagte:

›Mit Gebeten könnte man dich heilen.‹

Ich lachte nur verächtlich und öffnete die Gitter eines Viehtransporters.

›Sie wollen mich einsperren‹, antwortete ich ihm, ›aber ich brauche keine Messe mehr für meinen Chef!‹

Dumpfer Lärm erfüllte plötzlich die ganze Stadt. Alle Einwohner flüchteten. Die Unglücksvögel drangen in die Häuser ein. Ich suchte ein

Waschbecken, sah aber nichts anderes als die Raben mit ihren Blutungen. Meine Lippen zitterten. Ich spuckte mir selbst in die Augen, weil ich nicht mehr das Recht hatte, zu singen. Ich stand dem Nichts gegenüber.«

Er beendete seine Traumerzählung mit den Worten:

»Man muß nein sagen können, auch gegenüber Menschen, die man liebt.«

Ich bin nicht sicher, daß dieser lange Traum der Traum einer einzigen Nacht gewesen ist. Es ist denkbar, daß der arme Mann verschiedene Stücke zusammengefügt hat.

Was mag aus ihm geworden sein? Nach den letzten Nachrichten, die ich von ihm empfangen habe, ließ er sich in einer kleinen süddeutschen Stadt nieder. Er hat ein kleines Gemischtwarengeschäft, und an jedem Sonntag gibt ihm seine Frau, eine Kleinbürgerin, die ein paar Jahre älter ist als er, ein wenig Geld, damit er sich betrinken kann.

DER HUNGER

Er war ein Spanier, ein Mann von bewundernswerter Schönheit. Er ähnelte Valentino und hätte in Liebesfilmen die männliche Hauptrolle spielen können. Sein abenteuerliches Leben hatte in seinem Gesicht Spuren hinterlassen. Zu seiner Vergangenheit gehörten auch die Jahre des Bürgerkriegs in Spanien. Danach trat er in die französische Armee ein, wurde gefangengenommen und entfloh. Nach dieser Flucht steckten ihn die Franzosen in ein Konzentrationslager, aber er floh auch aus diesem. Sein Leben lang hatte er für seine persönliche Freiheit gekämpft.

Wir begegneten ihm im Maquis der Ardèche und des Drôme. Er erzählte uns einen kaleidoskopartigen Traum:

»Ich aß eine heiße Suppe und sagte mir: ›Du bist schließlich nur auf Urlaub.‹ Ich verbrannte mir die Zunge. Ich riß mir das verbrannte Zungenstück ab und heftete es mir wie eine Medaille an die Brust. Mein Wolfshund sagte mir, indem er eine Grimasse schnitt:

›Diese Medaille ist nichts anderes als ein Zeichen der Impotenz.‹

Er legte die Frau eines meiner Freunde in mein Bett. Das ließ mich die Wirklichkeit vergessen. Ich war noch immer im Gefängnis. Ich hatte meine Gestalt verloren und war nun ein kleiner Junge, der herumstreunte und bettelte. Mein Gesicht war so braun wie Holz. Man prügelte mich, weil ich auf meine Rechnung Visitenkarten eines reichen Kauzes hatte drucken lassen. Warum mein Name auf einmal Pierre lautete, weiß ich nicht: Ich habe in meinem ganzen Leben keinen Pierre kennengelernt. Die Sonne war nun braun wie das Gesicht Jesu Christi auf den Gemälden in den spanischen Klöstern. Und Jesus Christus schrie:

›Herr Baron, nehmen Sie das Feuer in Ihre Hände!‹

Ich lief auf eine Revolte zu, aber ich fand mich plötzlich zu meinem größten Erstaunen in einem Tanzsaal. Alle Tänzer hatten Heiligengesichter und sangen mit der Stimme von Tino Rossi. Ich begriff, daß der große Misthaufen ein Teil des ganzen Reinigungsvorganges sei. Man hatte vergessen, Verpflegung an uns auszugeben. Eine Meute von Hunden warf sich auf den Misthaufen. Ich wußte, es war Samstag, der Tag, an dem alle hungrigen Hunde vor den Fleischerläden betteln. Da aber alle Fleischerläden auf polizeiliche Anweisung geschlossen waren, hatten sich die Hunde eben dem Misthaufen zugewandt.

Ich habe mich voll Angst gefragt:

›Könnten die Hunde nicht mein Gehirn mit dem Mist hier verwechseln?‹«

TRAUM IN EINEM FRANZÖSISCHEN KONZENTRATIONSLAGER

Er war ein deutscher Schriftsteller und begeisterter Freund Frankreichs schon seit seiner Jugend. Im Ersten Weltkrieg hatte er bereits Ärger bekommen, seiner Frankophilie wegen. Als Hitler an die Macht kam, verließ er Deutschland und ließ sich in Frankreich nieder mit der Absicht, bis zu seinem Lebensende hier zu bleiben. 1939 aber brachte man ihn in ein Konzentrationslager, wie alle deutschen Emigranten. Er blieb dort bis 1943, dem Jahr, in dem ihm die Flucht gelang. Ich sah ihn in Toulouse bei den Quäkern, die die Absicht hatten, ihn nach Amerika zu schaffen. Er sagte mir:

»Wozu soll ich nach Amerika gehen? Mein Leben hat seinen Sinn verloren. Frankreich, das ich so sehr geliebt habe, warf mich in ein Loch, in dem mir die Ratten über den Leib krochen und auf das Stroh pißten, in dem ich schlief. Ich bin zu müde, und Amerika kann meinem Leben keinen neuen Sinn geben. Wissen Sie, was mir im Lager geträumt hat?

Ich war endlich frei. Ich registrierte verblüfft die Existenz von Straßen und Lokalen. Ich trat in ein Bistro. Ich sah, daß es dort Tische und Stühle gebe, ohne daß ich wußte, wozu sie dienten. Ich ging schnell wieder hinaus: Alles, was ich sah, war mir unbekannt.«

Die Quäker gaben dem armen Kerl eine Fahrkarte nach Marseille, damit er auf ein mexikanisches Schiff gehen könne. Er beging Selbstmord, indem er aus dem Zug sprang, der ihn nach Marseille bringen sollte.

DAS WUNDER

SIE WAR EINE POLNISCHE Jüdin und brachte drei Jahre in verschiedenen Konzentrationslagern zu. Sie war aufrichtig gläubig.

Sie erzählte mir folgendes:

»Es war während des Lagerappells. Sie wissen sicherlich, was das ist. Man steht so gut wie nackt drei Stunden lang auf einer Stelle, bei jedem Wetter: im Regen, im Schnee, wenn es friert oder unter der Sonne. An einem Wintermorgen im Jahr 1943 wußte ich, daß ich nicht bis zum Ende des Appells durchhalten würde. Ich war am Ende meiner Kräfte, und obwohl ich stand, überfiel mich ein leichter Schlummer.

Ich sah plötzlich meinen Vater, so nah neben mir, daß ich ihn hätte berühren können. Er rief mich mit den Worten:

›Meine Tochter, meine Tochter – da, nimm das, es wird dir gut tun!‹

Dabei steckte er mir etwas in den Mund, es schmeckte wie Marmelade.

Ich wachte mit einem großen Schrecken auf. Der Appell dauerte noch immer an. Im Erwachen schrie ich Papa! Papa! Ich stand auf dem gleichen Fleck, ich wußte nicht, ob ich geträumt oder im Wachen etwas erlebt hatte, aber ich leckte mir genüßlich die Lippen. Ich fühlte mich erwärmt und gestärkt.«

Sie schwieg einen Augenblick, dann setzte sie hinzu:

»Ich bin fest überzeugt, daß es dieser Traum war, der mir ermöglichte, weiter zu leben – zu leben, bis das Lager befreit wurde.«

DER TOD EINES GREISES

Unsere Zeit macht die alten Menschen sehr unglücklich, vor allem jene, die nicht mehr die Kraft haben, zu gehen oder sich selbst zu versorgen. Wir haben einen Greis kennengelernt, der mitunter auf der gleichen Bank vor sich hindöste wie wir. Er lebte von einer kleinen Rente in einem halbverfallenen Haus am Waldrand, gut hundert Meter vor einer der kleinen Städte der Ardèche. Das Alter hatte ihn gebeugt, und er schien immerzu zu frieren in seinen abgetragenen und zerschlissenen Kleidern. Kam er, auf seinen Stock gestützt und sehr langsam gehend, an uns vorbei, grüßte er stets auf die liebenswürdigste Art.

Wir unterhielten uns mit ihm über die allgemeinen Beschwernisse des Lebens und über die ständig steigenden Preise. Wir wußten, daß er an manchen Tagen gar nichts aß, und an den Tagen, an denen er sich etwas zu essen gönnte, reichte es nicht, ihn satt zu machen. Das Gemüse kochte er nur in Wasser, er hatte keine Butter, um sie dazuzutun. Kartoffel waren schwer aufzutreiben und obendrein teuer. Mit zweihundert Gramm Brot und einem Viertelliter Milch für den Tag kam man nicht weit. Fleisch oder Käse gab es bei ihm niemals, denn seine kleine Rente gestattete es ihm nicht, etwas auf dem Schwarzen Markt zu kaufen.

Eines Tages hörte der Greis auf, sich auf jener Bank zu uns zu gesellen, und wir gingen zu seinem Haus, um nachzusehen. Wir fanden ihn auf seinem Bett liegend, er war ganz blaß und hatte kaum noch die Kraft, die Lider zu heben. Er sagte leise seufzend: »Ich sterbe«.

Nachdem er lange geschwiegen hatte, stahl sich ein blasses Lächeln auf seine Züge, und er fuhr fort:

»Heute Nacht hatte ich einen sehr schönen Traum. Ich war zu einem Obstgarten geworden. Alle meine Bäume waren schwer von Äpfeln, die an den Zweigen hingen. Und wie gut das roch! Es bereitete mir Freude zu fühlen, wie die reifen Äpfel auf meinen Bauch herabfielen. Und ich aß davon! Ich schlang sie in meinen Bauch hinab! Ich war ein satter, fetter Obstgarten geworden. Alle, die durch den Garten gingen, liebkosten mich. Man bot mir zum Tausch zehn Pfund Mehl, drei Pfund Butter, einen ganzen Sack Zucker und frisches Brot an, aber ich lehnte ab: Ich wollte ein Obstgarten bleiben.«

Wir fragten ihn, ob wir irgend etwas für ihn tun könnten, aber bei ihm hatte bereits die Agonie eingesetzt. Seine Lippen bewegten sich schwach und artikulierten die Bitte:

»Ich würde gerne einen Apfel essen!«

Nach seinem Tod, als er beerdigt werden sollte, legten sie den schönsten Apfel, der sich in der Umgebung finden ließ, zu ihm in den Sarg.

AUCH ER WAR EIN FREMDER

Er war ein sehr grosser und sehr schlanker Mann. Warum man ihn, einen durchaus achtbaren Herrn, in das Straflager von Vernet geschickt hatte, erfuhr er niemals. Er war Ausländer, das stimmte, aber er hatte sein halbes Leben in Frankreich zugebracht, und zwar in absolut einwandfreien Verhältnissen. Bei Kriegsbeginn internierte man ihn mit Kriminellen und mit politisch Verdächtigen, obwohl er keiner dieser beiden Gruppen zuzurechnen war.

Das Lager wieder zu verlassen, war so gut wie ausgeschlossen. Man konnte nur geduldig auf den Tod warten. Nach drei Jahren in Vernet wurde Monsieur X. krank, und man transportierte ihn in die Krankenbaracke. Dort lag er den ganzen Tag im Koma und gab hochfiebernd Befehle:

»Legen Sie das Tischtuch auf. Wir essen heute Eier mit Speck, dann ein Beefsteak mit Pommes frites und Salat, danach Roquefort und zum Dessert Kirschen.«

Dann öffnete er die Augen, lächelte die Krankenschwester an und sagte:

»Ich träumte, ich sei zu Hause und beaufsichtige das Personal beim Tischdecken für das Mittagessen. Alles war ruhig, niemand wußte etwas vom Krieg. Ich roch mit echtem Genuß das Beefsteak und die Pommes frites.«

Die Krankenschwester fragte ihn:

»Träumen Sie oft?«

»Ja, oft«, antwortete Monsieur X., »aber eigentlich immer, daß ich mich zu Tisch setze.«

Er lebte nur noch wenige Tage. Er fieberte ohne Unterlaß, und alle seine Fieberphantasien und Träume kreisten um einen wohlbestellten Tisch. Am letzten Tag vor seinem Tod weinte er, und die Schwester fragte ihn:

»Haben Sie einen bestimmten Wunsch? Wollen Sie etwas essen? Ich würde mich gerne bemühen, es für Sie aufzutreiben!«

Monsieur X. suchte nach seiner Brieftasche, fand sie aber nicht, denn er hatte sie schon seit langem gegen das Stück Brot ausgetauscht, das die Häftlinge üblicherweise bei sich trugen.

»Was ich mir wünschte«, antwortete er, »wäre ein Beefsteak, soo groß« – er zeigte mit den Händen, wie groß es sein sollte.

Der Arzt, der neben dem Bett des Sterbenden stand, sagte der Krankenschwester:

»Gehen Sie schnell, holen Sie ihm irgendein großes Stück Fleisch!«

Er gab dem Mann eine Spritze, um sein Leben um ein paar Minuten zu verlängern. Die Krankenschwester kehrte mit einem großen Stück Fleisch zurück. Es war roh, aber Monsieur X. sah es mit großen, glücklichen Augen an – und starb.

EIN KIND

SUZANNE IST EIN MÄDCHEN von zwölf Jahren und in Casablanca geboren. Ihre Eltern wohnen in Marseille, wohin sie vor einigen Jahren zurückgekehrt sind. Sie sind sehr arm, und die Präfektur von Marseille hat Suzanne in eine Ferienkolonie in der Ardèche geschickt. Suzanne ist körperlich und geistig zurückgeblieben. Eines nachts hatte sie den folgenden Traum:

»Ich stehle aus einer Küche ein Stück Brot. Eine Ratte sieht mir dabei zu und springt dann auf das Stück Brot zu. Ich laufe von einem Zimmer ins andere, und die Ratte folgt mir überall hin nach, mit offenem Maul. Ich verstecke mich in meinem Bett, den Kopf unter den Decken, und beeile mich, mein Stück Brot zu essen. Die Ratte beginnt inzwischen an der Decke zu nagen. Als es der Ratte endlich gelingt, ein Loch in die Decke zu nagen, habe ich das Brot ganz aufgegessen. Die Ratte ist verblüfft, sieht mich ganz erstaunt an und zieht betrübt wieder ab.«

DER LEGIONÄR

Er war früher, in Deutschland, Schauspieler gewesen, da er aber das Pech hatte, Jude zu sein, emigrierte er nach Paris und lebte von Almosen, bis der Krieg ausbrach. Um nicht in ein Lager gesperrt zu werden, meldete er sich zur Fremdenlegion.

Er liebte es nicht, von jener Zeit zu sprechen, erzählte mir aber eines Tages einen Traum, den er in jener Zeit gehabt hatte:

»Ich hatte einen Brief meiner Mutter erhalten. Ich las ihn, aber der Sergeant brüllte auf mich ein und zwang mich, in den tiefsten Morast zu marschieren. Ich fragte mich, zu welchem Zweck. Der Sergeant war Antisemit und lachte so anhaltend, daß ihm die Tränen über das Gesicht liefen. Diese Tränen waren lauter Skorpione. Ich bat ihn:

›Hören Sie doch auf zu lachen. Ich wollte ja nur den Brief meiner Mutter lesen. Es ist ihr erstes Lebenszeichen seit meiner Emigration!‹

Der Sergeant schrie aber immer weiter:

›Ich bin ein Leser der *Action Française**. Ich hasse die Juden genauso wie die Skorpione.‹

Ich aber flehte weiter, den Tränen nahe:

›Lassen Sie mich doch bitte trotzdem den Brief lesen, ehe Sie mich den Skorpionen vorwerfen!‹

* rechtsradikale Zeitschrift, erschien 1908–44, unterstützte zuletzt das Vichy-Regime (A. d. Ü.)

Der Sergeant lachte jedoch nur immer lauter und brüllte:

›Ich habe einen Arrest für dich, der ist so finster, daß du bestimmt keinen Brief lesen kannst!‹«

DER DAMENFRISEUR

Er war eine Art Gigolo und gelangte als Kriegsgefangener nach Deutschland. Dort fehlte es an Arbeitskräften, denn die männliche Jugend stand unter Waffen und vergoß ihr Blut für ein Reich, das tausend Jahre währen sollte. Vor dem Krieg war der Gigolo Damenfriseur in einem eleganten Salon im Faubourg St. Honoré gewesen. In Deutschland schickte man ihn als Landarbeiter nach Bayern, zu einer Bäuerin auf den Hof. Da er in Paris zur Welt gekommen war, hatte er nicht die geringste Vorstellung davon, worum es sich bei der Landarbeit handle.

Deutschland vor dem Krieg? Ein deutscher Schriftsteller und einst mit Kaiser Wilhelm II. befreundet, (Friedrich) Reck-Malleczewen, gestorben in einem (Konzentrations-)Lager bei München, hatte in seinem Tagebuch notiert:

»So manche deutsche Frauen waren dermaßen von Hitler besessen, daß sie die Erde aufgruben, die sein Fuß betreten hatte, und sie aßen.«*

Der schöne Damenfriseur gewann nicht sogleich diese oder ähnliche Eindrücke. Den Frauen in Bayern fehlte es an Männern, und da sie durstig waren, spielte die Nationalität eine untergeordnete Rolle. Die Bäuerin Emma Kerstengel hatte nämlich besondere Vorlieben. Das erste, was sie ihrem

* Aus dem Französischen rückübersetzt (A. d. Ü.)

Kriegsgefangenen zeigte, war ihr weiches Nachtlager, und sie gab ihm durch Zeichen zu verstehen, daß ihr Leib ebenso weich wäre wie dieses Lager. Oberhalb des Bettes hing die kolorierte Photographie eines alten Mannes, und Frau Kerstengel versuchte dem Friseur klarzumachen, daß dies Hindenburg sei, der Deutschland zweimal gerettet habe. Das erste Mal, als er sein eigenes Leben für das Reich in die Bresche schlug, das zweite Mal aber, als er Hitler als Reichskanzler berief. Wenn sie das Brot aufschnitt, das sie selbst buk, richtete sie stets ein Gebet nicht an Gott, sondern an Hindenburg, der Deutschland vor den Schlawinern gerettet habe – mit diesem Wort bezeichnete sie die Juden. Das Seltsame war, daß sie die Franzosen mochte, nicht nur, weil der Friseur ihr Lager teilte, sondern auch, weil ihr Mann, der als Soldat in Frankreich stand, ihr von dort wahre Wunderdinge erzählt hatte. Sie verlangte von ihrem Friseur, daß er ihr das Singen beibringe, und sie zweifelte nicht daran, daß er singen könne, war er doch Franzose und Friseur obendrein.

Als der Friseur schließlich wieder heimkehrte, war er krank. Er litt an einem chronischen Übel im Darmbereich und konnte nicht mehr in einem Damensalon arbeiten. Seine Familie kaufte ihm einen kleinen Friseurladen in der Nähe der Porte d'Ivry, wo er nun Herren bediente.

Sein Traum lautet so:

»Es war ein Freitag, und die Glocken läuteten aus ganzer Kraft. Neben meinem Bett stand ein

Arzt, der aussah wie ein SS-Mann. Der schrie:

›Dieser Lügner aus Frankreich ist ganz und gar nicht krank!‹

Man zerrte mich aus dem Bett, und ich mußte so höllisch hart arbeiten wie die anderen Kriegsgefangenen. Die Leute von der Staatspolizei beobachteten uns dabei und aßen Hummer. Emmas Kinder hatten Keuchhusten; sie krochen aus den Betten, schnitten Grimassen und spuckten uns an. Emma schrie:

›Ihr habt mein schönes Sonntagsgesicht schmutzig gemacht!‹

Ich hatte den Eindruck, die kranken Kinder hatten Mumps. Die SS-Leute brüllten:

›Ihr seid alle Geschmeiß und wir werden euch hinwegfegen!‹

Ich antwortete einem von ihnen ganz ruhig:

›Sie können es mir glauben: Bei diesem Hinwegfegen werden Sie sich anstecken!‹

Im gleichen Augenblick aber hatte ich den Eindruck, ich würde nie wieder Damenfriseur sein können. Emma liebkoste mich und sagte dabei:

›Mein schöner Damenfriseur, du kannst der Größe des Deutschen Reiches doch dieses Opfer bringen! Hindenburg hat ein viel größeres Opfer gebracht!‹

Ich antwortete:

›Gewiß, aber dein Großvater trug Socken aus Schafwolle, die ihm seine Frau gestrickt hatte; bei uns würde es keinem Mann einfallen, so etwas anzuziehen!‹«

DIE PRINZESSIN

Wird man eines Tages all jene Lebensgeschichten erzählen, die sich im *Café du Dôme* miteinander kreuzten?

Man nannte sie *Princesse,* und sie war in Nangis geboren. Ihr Vater war ein Neger, trug jedoch einen Familiennamen aus der Auvergne, stammte von dort, behielt aber sein Leben lang den Akzent aus den Kolonien bei. In Nangis arbeitete er in einer Zuckerfabrik. Er heiratete die Tochter eines Bauern aus der Brie, ein Mädchen für alles in einem kleinen Hotel. Der Neger hatte dort gewohnt, so lange er jung war. Der Landgeistliche machte ein bedenkliches Gesicht, als von ihm verlangt wurde, das neugeborene Mädchen auf den Namen Princesse zu taufen. Er schlug die schönsten Namen von Heiligen aus dem Kalender vor, aber der Neger war von seinem Entschluß nicht abzubringen. Der Pfarrer seinerseits beharrte:

»Mein guter Mann, wir leben in einer Republik, und so adelige Namen haben heute etwas Anrüchiges!«

Der Neger aus der Auvergne antwortete:

»Ich war immer ein Stück Dreck und mein Vater auch, und mein Großvater ebenso. Aus meiner Tochter aber will ich etwas Besonderes machen. Meine Großmutter hat eines Tages zu mir gesagt: Wir bleiben dreckige Neger, weil wir es nicht verstehen, unseren Kindern die entsprechenden Vornamen zu geben.«

Das Kind wurde also auf den Namen Princesse getauft.

Als das Mädchen zwölf Jahre alt war, kam ein Wanderzirkus durch Nangis. Nun glaubte jener Neger gefunden zu haben, was er für seine Tochter suchte, hatte er doch selbst als Kind einst Akrobat werden wollen. Aber er hatte eben keinen Namen, der dafür geeignet gewesen wäre, und seine Eltern erlaubten es auch nicht.

Mit sechzehn Jahren verließ Princesse den Wanderzirkus und ging nach Paris, denn sie träumte davon, die Mätresse eines Kardinals zu werden. In Paris bewegte sie sich vor allem zwischen Montmartre und Montparnasse und wurde das Modell einer ganzen Anzahl berühmter Maler. Zwischen 1910 und 1933 hingen die Aktbilder, deren Modell sie gewesen war, in fast allen Ausstellungen. Ihre Eltern kamen eigens nach Paris gereist, um sich an der Berühmtheit ihrer Tochter zu erfreuen.

Bald darauf kam Hitler in Deutschland an die Macht. Princesse wußte nicht, was das bedeutete. Sie interessierte sich nur für die Tatsache, daß sie die Geliebte und das Modell berühmter Maler war. Sie stellte lediglich fest, daß die Leute viel eifriger Zeitung lasen als zuvor. Aber Hitler sollte doch noch eine Rolle in ihrem Leben spielen, und sie fand das sehr komisch...

In Pariser Bohème-Kreisen sah man oft einen Ledergroßhändler. Er hielt die Bohémiens frei, kam ins *Dôme* und lud dort die armen Montparnassiens zum Essen und zum Trinken ein. Und wenn sie in der Klemme waren, dann steckte er ihnen auch ein wenig Bargeld zu. Als Hitler an die Macht kam, ließ er sich scheiden. Seine Frau heiratete danach einen Neger, und er, er heiratete Princesse. Sie begriff das nicht so recht, aber er erklärte ihr, daß er sie genommen habe, weil er Jude sei. Nun verstand sie noch weniger, denn Fragen dieser Art waren in ihrem bisherigen Lebenskreis nie aufgetaucht. Hitler, die Juden, über all das hatte sie nur gelacht.

Der Ledergroßhändler blieb noch bis 1939, und niemals hatte Princesse es besser gehabt als an seiner Seite. Er war auch ihren Eltern gegenüber sehr großzügig und kaufte ihnen eine kleine Bauernwirtschaft in der Brie. Als der Weltkrieg ausbrach, verschwand der Lederhändler nach Amerika, ließ Princesse aber Geld genug für einige Jahre zurück. Als die Deutschen Paris besetzten, hatte Princesse so gut wie ausschließlich Umgang mit Juden. Sie half ihnen und versteckte einige von ihnen. Da sie nun ein berühmtes Modell war, äußerten verschiedene bekannte deutsche Maler den Wunsch, sie zu verpflichten, aber sie lehnte es stets ab, für Deutsche zu posieren. In dieser Zeit hatte sie den folgenden Traum:

»Ich hörte einen durchdringenden Schrei:

›Aber du bist eine Negerin mit roten Haaren, und das, das ist besonders scheußlich. (Sie war keineswegs rothaarig.)

Ein buckliger Kaffeehauskellner, der in seinem ganzen Leben niemals gelacht hatte, lieferte mich an die Deutschen aus. In einem riesigen Büro schrieben hunderte von Maschinen gleichzeitig. Es war Frühsommer. Der Mann, dem man mich übergeben hatte, schrie:

›Achtet vor allem auf die Mülleimer! Und versteckt schnell die Zarenkrone!‹

Zur gleichen Zeit fühlte ich mich in der Gewalt eines Gewitters auf dem Boulevard Saint-Michel, wo die Studenten Lieder sangen. Der Mann, der vor Angst schrie, prüfte mich mit seinem Brillenblick und sprach sehr schnell:

›Dieses schmutzige Vieh hat sich den Leib an einem Baum gestoßen, weil es zuviel Zucker gefressen hat. Wir werden die Lepra ausrotten.‹

Dem buckligen Kaffeehauskellner gab er den Befehl, mein Gesicht abzuputzen. Der Kellner machte sich an die Arbeit, und zwar mit Druckerfett. Er putzte so lange an mir herum, bis mein Gesicht ein Spiegel war, der das Riesenbüro mit all seinen Maschinen und Schreibkräften reflektierte, dazu den Brillenmenschen und den buckligen Kellner. Der Mann mit den Brillen schrie auf, als habe ein kleiner Hund ihn ins Bein gebissen:

›Wir wollen uns aber nicht reflektieren. Erstickt die *Marseillaise* in den Mündern der Studenten vom Boul' Mich'.‹

Wie kam es, daß die Blumen in meinem Schlafzimmer mich so fragend anblickten? Ich war nicht zu Hause, sondern in einem Büro, wo hunderte von Schreibmaschinen das tippten, was der Mann mit der Brille sagte. Er rief:

›Du wirst nicht mehr laufen wie ein Derbypferd. Wir werden dich malen, um dir den Garaus zu machen!‹

Er befahl dem Kellner, mich mit Röntgenstrahlen zu durchleuchten, und brüllte schließlich:

›Schneiden Sie ihr den Ringfinger ab!‹

Er öffnete meinen Mund:

›Dieses Schwein hat nicht einmal Goldkronen! Schnell mit ihr zum Röntgen. Wir müssen feststellen, was wir von ihr brauchen können für den Misthaufen.‹

Sie setzten meinem Vater einen roten Papierhut auf. Der Mann mit den Brillen gab meiner Mutter einen Tritt in den Hintern und schrie:

›Bringt diese Hure ins Bordell!‹

Ich fuhr auf:

›Ich werde nicht zulassen, daß meine Mutter gebissen wird!‹

Aber mein Vater sagte:

›Die Worte, die wir jetzt sagen, hindern uns nur daran, nachzudenken.‹

Ich wandte mich an den Mann mit den Brillen:

›Sie haben beschmutzte Schuhe. Sie können mich verfolgen, aber die Laterne gebe ich Ihnen nicht.‹

Er griff nach einer Peitsche und schrie:

›Man muß die *Marseillaise* auf dem Boul' Mich' zum Schweigen bringen!‹

Dann wachte ich auf.«

DAS HAUS

SIE IST DIE TOCHTER eines kleinen Schneiders in einem Vorort von Valence, dreißig Jahre und noch nicht verheiratet. Ihr Verlobter ist in Deutschland gefangen, seit drei Jahren. Sie ist sehr gefühlvoll und liest nicht nur mit Vorliebe die Romane von Henry Bordeaux, sondern auch die Groschenhefte mit den rosa Umschlägen.

Beinahe jede Nacht hat sie einen leidenschaftlichen Traum, am Morgen aber hat sie alles schon wieder vergessen. Seit ich sie über ihre Träume befragte, ist sie ein wenig aufmerksamer, um sie wiedererzählen zu können.

Einer davon lautet so:

Sie hat sich mit ihrer Schwester in ein Haus gerettet, aber es ist ein Haus, das Stein um Stein zerfällt. Das einzige, was sie bewahren können, sind die Lebensmittel. Sie machen eine Omelette in einem Gemischtwarenladen. Als sie damit fertig sind, finden sie sich alle beide in einer engen dunklen Gasse wieder; diese ist unendlich lang und führt in den Bergen dahin.

Die Schwester sagt:

»Dieser Weg ist viel zu lang. Mittag ist gewiß schon vorüber, und die Gemischtwarenhandlung wird geschlossen haben!«

Auf einmal bemerken sie, daß sie sich auf einer

Insel befinden. Das Meer ringsum ist gewellt wie vom Dauerwellenapparat eines Friseurs.

In eben diesem Augenblick fällt ihr ein, daß sie diesen Traum ja mir erzählen müsse, und sie erwacht.

EINE AUFSICHTSDAME

Der Traum, den wir hier mitteilen, stammt von einer *surveillante,* einer Aufsichtsdame in der Schule eines südfranzösischen Städtchens. Sie hatte bereits ein reifes Alter erreicht, liebte die ihr anvertrauten Kinder und achtete vor allem darauf, daß diese auch genug zu essen bekämen.

Sie sagte zu mir:

»Man sollte den Erwachsenen nicht größere Rationen zubilligen als den Kindern.«

Diese Theorie setzte sie auch in die Praxis um, und zwar an ihrer Schule. Sie selbst weigerte sich, mehr zu essen als die Schüler und Schülerinnen, und forderte die gleiche Selbstbeschränkung auch von ihren Angestellten. Sie stand darum sehr schlecht mit der Küchenleiterin, weil diese stets mehr aß als die Kinder.

Eines Nachts hatte sie den folgenden Traum:

»Die Küchenleiterin brüstete sich und plusterte sich auf wie eine Gans, die es auf eine Fettleber anlegt. Ihr Bauch war so groß geworden, daß er bis auf die Höhe des Gesichts hinanstieg. Und ihre Hände, ihre Beine, ja ihre Augen hatten sich ebenfalls in Bäuche verwandelt. Sie stellte sich vor einen Spiegel und bewunderte darin ihren monströsen Körper. Hungrige Hunde strichen um all diese Bäuche herum, leckten sich die Lippen und versuchten, an sie heranzukommen. Aber der Monsterbauch schrie:

›Die Teile sind sicherlich schon heiß!‹

Man servierte den Kindern Erdbeeren, aber sie waren ungenießbar, denn man hatte sie mit roten Bleistiften vermischt, die Essiggeschmack hatten. Der Riesenbauch begann, die Kinder einzeln zu prüfen, ob sie auch nicht zuviel gegessen hatten. Und während das Bauchweib ging, brach der Fußboden ein.«

IN EINEM FLEISCHERLADEN ERZÄHLT

In diesen Fleischerladen kam häufig eine Arbeiterin, deren Gesicht große Müdigkeit verriet. Sie schien vierzig Jahre alt zu sein, aber wer kann schon genau sagen, wie alt solch eine Frau ist, die sich bei untergeordneter Tätigkeit besonders schnell verbraucht haben mag.

Sie sah das Stück Fleisch, das man ihr ausgehändigt hatte, abschätzig an und sagte seufzend:

»Mit diesen hundertzwanzig Gramm können mein Mann und meine fünf Kinder gerade vor Hunger sterben. Es ist schon schlimm genug, wenn man selbst den ganzen Tag einen leeren Magen hat. Was mich aber wirklich fertig macht, ist, mitanzusehen, wie meine Familie am Hunger zugrundegeht. Ich finde keinen richtigen Schlaf mehr, die ganze Nacht habe ich schreckliche Träume!

Und sie erzählte in der Fleischerei den folgenden Traum:

»Die Angestellten vom Holzhof holten meinen Mann und meine Kinder ab und sperrten sie in einen winzigen Holzschuppen. Ich hörte mich schreien, aber es war kein menschlicher Schrei: Es war das Bellen eines tollwütigen Hundes, der den Kopf aus einem Meer von Dreck reckt. Die Angestellten vom Holzhof sahen mich einen Augenblick so an, als empfänden sie ein wenig Mitleid mit mir, dann aber begannen sie zu lachen:

›Bell' nicht auf eine so widerwärtige Art, sonst nehmen wir bei der nächsten Tour dann dich mit!‹

Ohne zu wissen warum, dachte ich in diesem Augenblick an die Tsetsefliegen. Ein Militärauto überquerte die Straße. Der Chauffeur sah aus wie ein Arbeiter aus dem Arsenal, den ich kannte. Die Leute im Auto hatten die Hemdsärmel hochgekrempelt. Als ich diesen Wagen sah, befand ich mich auf einem Friedhof, auf dessen Gelände zahlreiche Hundeleichen verstreut lagen. Und wie das alles stank! Mit bloßen Händen habe ich Löcher für die toten Hunde gegraben; meine Hände bluteten an vielen Stellen, und ich fürchtete schon, es würde für mich selbst nicht genug Blut übrigbleiben.«

Die anderen Frauen, die in dem Fleischerladen warteten, schüttelten den Kopf, als wollten sie sagen: Die Ärmste, jetzt ist sie wirklich verrückt geworden!

Aber die Inhaberin des Ladens griff nach einigen Knochen und gab sie der Frau als Geschenk mit den Worten:

»Daraus können Sie für Ihre Kinder immerhin eine gute Suppe kochen!«

HUNGER UND KÄLTE

Sie war ein altes Fräulein von sechsundsiebzig Jahren, sehr gepflegt und stets bemüht, unter ihrer diskreten Eleganz das wahre Alter zu verbergen. Seit ihren Kindertagen besuchte sie täglich am Morgen die Messe. Man hatte ihr wiederholt vorgeschlagen, den Vorsitz oder andere Ehrenämter in Wohltätigkeitsvereinen anzunehmen, aber sie fand, sie sei doch zu sehr Dame, um sich in so enge Kontakte mit dem Volk zu begeben. Sie besaß ein kleines Vermögen, und das war wohl auch der Grund, warum ihre ganze Familie – Industrielle aus Saint-Etienne – gute Beziehungen zu ihr unterhielten. Seit der Rationierung von Nahrungsmitteln und Heizmaterial stellte sich bei ihr die Angst ein, vor Hunger zu sterben oder zu erfrieren – und das, obwohl sie große Vorräte an Brennholz, an Hausbrandkohle und Lebensmitteln der verschiedensten Art besaß.

Hier sind zwei charakteristische Träume des alten Fräuleins:

»Ich lief von einem Laden zum anderen, um Teigwaren zu kaufen. Vor jedem dieser Läden sah ich Pferde und Hunde, die nur noch zweieinhalb Beine hatten. Die übrigen waren von Kugeln und Bomben abgerissen worden. Alle diese Tiere ließen die Zunge aus dem Maul hängen, als ob sie Hunger hätten. Die Kaufleute aber waren sehr boshaft; sie versteckten alles, was sie an Teigwaren im Laden hatten. Als ich aus solch einer Gemischtwarenhandlung wieder auf die Straße trat, hatte ich mehr Hunger als diese Pferde und die Hunde. Alle Kaufleute ähnelten Napoleon. Als ich den letzten Laden verlassen hatte, mischte ich mich unter die Pferde und die Hunde und ließ wie diese die Zunge heraushängen. In der Hand hatte ich ein kleines Veilchen, das wollte ich unserem Pfarrer bringen.«

Der zweite Traum lautet:

»Ich träumte von einer sehr seltsamen Krankheit: die Krankheit, immer Holz sammeln zu müssen. Auf allen Wegen, die ich benützte und an denen die Leute Holz verbrannten, löschte ich die Feuer aus und wollte das ganze Holz für mich. Ich ging zu allen Holzhändlern, die ich kannte, und kaufte auf, was sie an Holz vorrätig hatten. Schließlich hatte ich mehr Holz, als in der ganzen Stadt unterzubringen war. Als ich es in Gebrauch nehmen wollte, entdeckte ich, daß es sich um Papier handle, und auf jedem Bogen war der Preis vermerkt, den ich dafür bezahlt hatte. Da fragte ich mich: Was wird wohl meine Familie in Saint-Etienne sagen, wenn sie erfährt, daß ich das ganze Erbe durchgebracht habe, mit dem sie rechnet...?«

DIE SCHLANGE

Um sieben Uhr morgens stand ganz Frankreich Schlange: beim Greißler, beim Fleischer, beim Bäcker, überall dort, wo man hoffen durfte, irgend etwas Eßbares zu erlangen. Die Frauen kamen mit ihrem Strickzeug und den Klappstühlen, und die Kinder spielten daneben. Die Kinder jammerten oft; sie hatten Hunger, aber man wagte nicht, ihnen etwas zu geben, weil zu viele Leute es sahen und das ihren Neid erwecken konnte. Man haßte alle, die Ausweise für die bevorzugte Abfertigung hatten: Mütter von vielen Kindern, Schwangere und Greise. Man beschimpfte sie auf die widerlichste Art. Und das Thema der Gespräche in der Schlange blieb stets dasselbe: das Essen, die Nahrungsmittel. Man sprach sehnsüchtig von den kleinen, feinen Gerichten früherer Zeiten und verwünschte die aktuelle Knappheit.

Eine Frau erzählte:

»Gestern habe ich geträumt, daß ich wütend war gegen ein paar Frauen mit Vorrechts-Ausweisen, weil sie stets zuerst an die Reihe kamen. Im Traum schwor ich mir, daß ich ganz schnell zu drei Kindern kommen müsse. Und ohne zu wissen, wieso, hatte ich sie auf einmal und damit natürlich auch die Vorrechtskarte. Mit diesem Ausweis bewaffnet, ging ich quer durch die längsten Schlangen und betrat als erste den Laden. Es gab Kartoffel in Hülle und Fülle und von jeder Sorte. Ich kniete nieder und aß sie, wie sie da waren, also roh. Sie schmeckten toll, und ich hatte den Eindruck, nie zuvor so gute Kartoffel gegessen zu haben.«

NOCH EIN LEGIONÄR

DIE KLEINEN STÄDTE im Département Drôme sind von Feldern umgeben, die sich an den Berghängen hinaufziehen. Und wie alle französischen Städte, die auf sich halten, hat eine jede auch ihr Original. Das Original unserer kleinen Stadt war ein Legionär. Er hatte zwanzig Jahre in der Fremdenlegion zugebracht und war nun pensioniert. Er hatte alle Auszeichnungen, die man in der Legion bekommen kann, und stellte sie an seinem zerlumpten Rock auch zur Schau.

Er zählte etwa sechzig Jahre und hatte einige typische Gewohnheiten alter Junggesellen. Seit zehn Jahren war er im Städtchen, aber die alteingesessenen Bürger behandelten ihn mit einer gewissen Verachtung. Er bezeichnete sich als Herborist, also Heilkräuter-Spezialist, aber in unserer Stadt wurde das nicht als eine ernsthafte Beschäftigung angesehen. Er sammelte verschiedene Medizinalkräuter und bot diese dann den Apotheken zum Kauf an. Da er zum Leben nicht viel Geld brauchte, legte er dieses zusätzliche Einkommen Münze um Münze beiseite. Der Traum seines Lebens war, ein eigenes Grundstück zu kaufen und darauf die absonderlichsten und interessantesten Heilkräuter zu ziehen.

Stieß er auf jemanden, mit dem er darüber reden konnte, so wurde er fröhlich und umgänglich.

Er erzählte mir, daß er bereits ein geeignetes Stück Land gefunden hatte, aber da sei eben der Krieg ausgebrochen, und schon habe niemand mehr verkaufen wollen. Und die Leute aus der Stadt, die hielten deutlich Abstand zu ihm. Für sie war er ein Hergelaufener, ein Mann ohne richtiges Heim und ohne Beruf, dessen ganze Erscheinung höchst verdächtig blieb.

Er lebte mit einer Zigeunerin, einer Korbflechterin, um die jeder einen Bogen machte. Seit wir die Deutschen in der Stadt hatten, arbeitete diese Frau in dem Schloß, das die Deutschen beschlagnahmt hatten, als Zimmermädchen. Eines Tages brachte sie aus dem Schloß ein Brot, das schon ein wenig muffig roch, aber der Legionär aß es bis zur letzten Krume auf.

In der darauffolgenden Nacht hatte er den folgenden Traum:

»Ich hatte Magendrücken. Das Brot, das ich gegessen hatte, flog vor meinen Augen auf wie ein Flugsalamander, und ich war darüber richtig bestürzt. Ich rief den Arzt, der mit den seltsamsten Ideen hausieren ging, und er sagte mir lachend:

›Da du sein Brot gegessen hast, bist du jetzt ein halber Fritz, so eine Art Vetter. Davon abgesehen, bist du jetzt ein ganz richtiger Pflanzenhändler geworden!‹

Eine Wespe stach mich in die Nase und verursachte mir einen so starken Schmerz, daß ich einen riesigen Satz machte und mitten in einem frisch gemähten Haferfeld wieder zur Erde kam. Als ich dort landete, sah ich ein Haus, das ganz aus Hafer errichtet war. Es rief mir zu:

›Ich erinnere mich an Virginia!‹

Im Inneren des Hauses war alles am Kochen. Selbst die Tränen waren so heiß, daß ich sie nicht abwischen konnte, ohne mir die Finger zu verbrennen. Ich sah zum Fenster hinaus: Die Landschaft hatte nichts Französisches, vielmehr lag jene rätselhafte Stimmung über ihr, wie man sie in den Gesängen der Neger manchmal findet. Ich zählte mein Geld. Drinnen im Haus buk jemand Beignets. Ich hörte die Schußfolge eines Maschinengewehrs. Niemand aß im ganzen Haus, ich aber hatte fürchterlichen Hunger und aß gebratenen Fisch.«

EINE PROSTITUIERTE ERZÄHLT

Wie alle Garnisonsorte hatte auch Valence früher eine Bordellgasse, wo die Soldaten für ein paar Stunden ihren Dienst vergessen konnten. Alle diese grob gepflasterten kleinen Gassen tragen wunderbare alte Namen: rue de la Citadelle, rue du Jeu de Paume und so weiter. Und die kleinen baufälligen Häuser trugen riesige Nummern.

Nach Frankreichs Zusammenbruch zogen die Garnisonen ab und auch die Pensionärinnen der Hurenhäuser zogen ab, es gab ja keine Kundschaft mehr. Erst die kurze italienische Besetzung brachte wieder ein wenig Leben in diese Viertel. Die Mädchen kehrten an den vertrauten Arbeitsplatz zurück und stellten sich auf die neue Kundschaft ein, aber das Leben war nicht mehr so fröhlich wie früher.

Ich hatte mich mit einer dieser Frauen öfter unterhalten, und sie erzählte mir:

»Diese Burschen aus dem Süden sind zu melancholisch im Bett...«

Sie stammte aus Nordfrankreich, und es war nicht leicht, sie zum Reden zu bringen, denn sie war überzeugt, daß jeder, der sie etwas fragte, ein Flic von der Sitte sei. Erst als sie mit mir eine Flasche elenden, aber sehr teuren Weins getrunken hatte, faßte sie Zutrauen und erzählte weiter:

»Diese Italiener sind die merkwürdigsten Freier, die ich je gehabt habe. Sie sind niemals lustig. Sie trinken, aber man hört von ihnen kein lautes Wort. Und genau so ist es, wenn ich sie dann im Bett habe. Ich bin ein ordentliches Mädchen und ich will, daß der, der mich bezahlt, auch auf seine Rechnung kommt. Aber mit diesen Burschen ist wirklich nichts anzufangen. Du kannst tun was du willst, damit sie zu ihrem Vergnügen kommen, ihre Augen bleiben immer traurig, selbst wenn sie's dir gerade besorgen! Man möchte meinen, sie würden am liebsten losheulen. Und die Augen, heilige Jungfrau Maria! Diese Traurigkeit... Seit ich diese Augen gesehen habe, träume ich von ihnen die merkwürdigsten Träume:

Hunderte, vielleicht Tausende von Augen sehen mich an, und alle gehören sie jungen italienischen Soldaten. Mitten im Salon kniet ein italienischer Mönch und betet. Alle Augen, die ich sehe, beginnen zu weinen, und die Tränen strömen zusammen in einem Eimer, der ist selbst eine große Träne. Sind die Eimer voll, so fallen sie um, und die Tränen fließen aus.

Es war ein Sonntag, die Tränen bildeten einen See, und aus dem Tränensee schrie eine Stimme:

Ein Viertelbrot, ein Viertelbrot!

Am einen Ende des Sees, dort, wo er irgendwohin mündete, stand eine alte häßliche Frau, aber sie war eine besondere Erscheinung, sie sah aus, als hätte man ihr die Glieder ausgerenkt. Ihr Gesicht hätte gut ins Haus der Masken* von Valence gepaßt. Es war entsetzlich, diese Frau anzusehen, zu sehen, wie ihre Knochen sich selbständig machten. Sie hatte eine große Schürze, und all diese tränenfeuchten Augen rollten auf die Schürze zu. Ich habe mich noch gefragt, was sie denn mit all diesen Augen machen werde, dann bin ich aufgewacht.«

* Eigentlich Medaillons, in der berühmten *Maison des Têtes* von 1532 (A. d. Ü.)

EIN FRISEUR

Er war dreiundfünfzig Jahre alt und bucklig, ein Friseur; er lebte in Saint-Péray. Wie alle seine Kollegen behauptete er, alles zu wissen, was in der Welt vor sich ging. In kleinen Städten konzentrierte sich schließlich das politische Leben in den Frisiersalons.

Er war ziemlich findig und holte sich seine Informationen aus alten, mitunter jahrealten Nummern des *Journal illustré*. Seine Kunden lauschten ihm mit offenem Mund und sichtlich mit mehr Vergnügen als dem Pfarrer oder dem Lehrer. Die Meinungen, die er zum Kriegsgeschehen äußerte, waren präzise und dann besonders pointiert, wenn er gerade das Rasiermesser über die Wange des Kunden führte. Man muß auch noch sagen, daß er ein ausgezeichneter Familienvater war. Er hatte einen zwanzigjährigen Sohn und befürchtete, daß man diesen in ein deutsches Arbeitslager deportiere. Diese Angst verfolgte ihn bis in die Träume. Hier ist einer:

»Meine Hände waren voll von Geschwüren. Ich fürchtete, daß diese Geschwüre eine große Gefahr für mich bedeuteten. Ich wußte, daß ich, wenn es damit so weitergehen würde, einem meiner Kunden die Kehle mit dem Rasiermesser durchschneiden würde, gezwungenermaßen. Ich sah einen deutschen Soldaten in den Laden treten. Er fragte mich, ob ich ihm eine Flasche Wein verkaufen könne. Ich hatte den Rasierschaum geschlagen, das Messer aufgeklappt. Der Soldat ging lachend, wandte sich an der Türe um und sagte in drohendem Ton:

›Sie glauben, daß Sie mit Ihren Seifenblasen Ihren Sohn daran hindern könnten, *Deutschland, Deutschland über alles** zu singen – bei uns im Reich!‹

Dabei ließ er seine ausgezeichneten Zähne blitzen. Ich wartete auf einen Kunden, um ihm die Kehle durchzuschneiden, dann sah ich einen Schatten, der meinen Sohn mit sich nahm. Ich hatte so viel Angst, daß ich mir nicht nur in die Hosen machte, sondern daß ich auch aufwachte!«

* Deutsch im Original (A. d Ü.)

DIE ANGST VOR DER VERSCHICKUNG

In einem kleinen Ort im Rhônegebiet, wo ich während des Krieges eine Weile lebte, ging das Gerücht um, ich verstünde es, aus den Träumen die Zukunft zu erkennen, weil ich alle Menschen bat, mir ihre Träume zu erzählen. Man war freilich bald sehr enttäuscht, als sich herausstellte, daß ich völlig unfähig sei, sie zu deuten: Ich zeichnete sie nur auf.

Eines Tages kam eine junge Arbeiterin aus der Textilfabrik zu mir, ein Mädchen von achtzehn Jahren. Sie war verlobt und spazierte an jedem Abend mit ihrem Auserwählten zärtlich umschlungen herum. Sie hatte Angst, daß man den jungen Mann deportiere. Darum erzählte sie mir einen Traum und bat mich, ihn für sie zu enträtseln:

»Sie sah sich als Herrenfriseuse, was damals nicht sehr selten war: Viele Frauen machten Männerarbeit. Die Deutschen kamen in ihren Salon, um sie zu deportieren. Sie erkannte plötzlich, daß sie nicht mehr sie selbst war: Sie befand sich in der Haut ihres Verlobten. Sie schlug den Soldaten vor, sie noch schnell zu rasieren, und diese nahmen an. Zitternd rasierte sie die Soldaten, während diese spaßten, weil sie von einem Mädchen in Männerkleidern rasiert wurden.

»Aber du wirst trotzdem deportiert!«, sagten sie zu ihr.

In diesem Augenblick schlüpfte sie aus der Haut ihres Verlobten und war nur noch Zuschauerin. Die Soldaten legten die Rasiermesser nebeneinander, und ihr Verlobter mußte über die Klingen gehen. Er machte sich aber ganz klein und schrumpfte zu einem Jungen von acht Jahren. Sie erkannte ihn nicht mehr. Der Junge rief:

»Yvonne!«

Aber sie erkannte auch seine Stimme nicht mehr.

VOR DEM NICHTS

ANNETTE G. WAR KÖCHIN in einer Volksküche. Sie zählte einundfünfzig Jahre, war seit langem verwitwet und hatte zwei Söhne. Einer der beiden hatte Tuberkulose und weilte seit drei Jahren, auf Kosten seiner Mutter, in einer Spezialklinik an der Côte d'Azur. Die allgemeine Knappheit an Lebensmitteln gestattete es nicht, den Kranken die Kost zu verabreichen, die sie gebraucht hätten. Die Familien waren also gezwungen, für Zubußen zu sorgen. Aber diese Bürde wurde von Tag zu Tag schwerer für jene Witwe, die ein sehr kleines Gehalt bezog.

Ihr zweiter Sohn war zwanzig Jahre alt, und die Deutsche Wehrmacht hatte ihn zu Befestigungsarbeiten eingezogen. Das war schwere Arbeit, und die Verpflegung reichte auch dort nicht aus. Er schrieb darum immer wieder an seine Mutter, daß sie auch ihm Lebensmittelpakete senden möge.

Diese Frau hat uns den folgenden Traum erzählt:

»Eine Menge magerer Menschen grub die Erde auf und trug die Steine auf dem Rücken weg. Sie hatten alle die Erinnerung an das eigentliche Leben verloren. In einem verstaubten Karton trug ich meinen ältesten Hut mit mir. Früher einmal hatte ich mich geschämt, ihn zu tragen. Ich schickte mich an auszugehen; ich stieg die Treppe eines mir fremden alten Wohnhauses hinauf, ging an einigen Türen vorbei und ließ mich endlich im äußersten und verborgensten Winkel des Hauses nieder. Ich machte mir gar nicht klar, daß ich mich in einem Käfig befand, und ich starrte stundenlang nur ins Leere, ins Nichts. Als ich zufällig den Blick erhob, sah ich in einem verschmutzten Spiegel eine alte Frau, die einen völlig verstaubten Hut trug. Es war das erste Mal, daß ich sie sah.«

DER TRAUM EINER DEUTSCHEN

SIE WAR SEIT JAHREN mit einem Franzosen verheiratet. Seit Kriegsbeginn hatte sie keine Verbindung mehr mit ihren Eltern, die in Wiesbaden lebten.

Sie erzählte uns den folgenden Traum:

»Ich war zu Hause bei meinen Eltern, mit meinem kleinen Sohn und meinem Mann. Bei uns war eine andere Familie, von der der Krieg uns getrennt hatte. Mein Vater kam mir jünger vor, als ich ihn in Erinnerung hatte. Obwohl er sehr häßlich war, wirkte er wie ein Bursch von siebzehn Jahren. Er war Konsulent bei einem Anwalt und bereitete gerade ein Festessen vor. Er kochte, und zwar merkwürdigerweise nicht in den üblichen Töpfen aus Email, sondern in Gefäßen aus feinstem Porzellan. Dazu sang er ein frommes Lied zu Ehren der Jungfrau Maria. Warum er das tat, weiß ich nicht, denn die Religion hatte ihn eigentlich nie interessiert.

Das Essen selbst war höchst eigenartig, denn es umfaßte Melonen und Speckschnitten. Während des Diners verloren alle Personen das Bewußtsein, mich ausgenommen. Ich lief in alle Läden von Wiesbaden. Sie quollen von Waren über, aber ich fand trotzdem nicht das, was ich kaufen wollte, nämlich ein Geschenk, das für eine Frau paßte, die von ihrem Mann getrennt lebt.

Vor der englischen Abteilung eines Warenhauses blieb ich stehen und war sehr erstaunt zu erfahren, daß die Verkäuferin Mado heiße. Sie aß kleine Käseportionen und sagte:

›Schade, daß wir die Kinderwagen vergessen haben!‹

Vor dem Eingang des Warenhauses stand ein Portier, der aussah wie ein Gentleman-Gangster. Der rief:

›Man hat uns zu viele Pelze geliefert!‹

Dann sah er mich an:

›Ich kann das auch auf französisch ausrufen‹, sagte er, ›wenn es Ihnen lieber ist.‹

Daraufhin rief er noch einiges aus, was weder ich verstand noch mein Mann. Jener andere Mann, der von seiner Frau getrennt war, sagte:

›Du siehst, er kann gar nicht französisch. Daher kommt das ganze Übel!‹

Wir hatten alle Hunger, und ich sagte:

›Kommt mit zum Markt. Vielleicht finden wir dort etwas, das uns wieder zusammenbringt.‹

Das Kinn meines Mannes zitterte. Auf dem Markt sahen wir ganze Berge von Gemüse. Ich war sehr erstaunt, keinen einzigen Hund zu sehen. Die Gemüsehändler waren außerordentlich höflich und ließen uns geduldig aussuchen. Sie boten uns sogar gekühlten Champagner an. Ich sagte mir:

›Höchste Zeit, daß ich das Gemüse koche und es esse, sonst habe ich noch Hunger, wenn ich aufwache!‹«

DER TRAUM EINES KINDES

SIE IST ZWÖLF JAHRE alt. Sie ist ein energisches Mädchen und hat es verstanden, sich in dem Kinderheim, in dem sie seit Beginn des Krieges lebte, eine Position zu schaffen. Ihre Eltern waren arme Arbeiter, die eine große Familie zu ernähren hatten. Die Kinder waren stets unterernährt, und seit Kriegsbeginn ging es ihnen womöglich noch schlechter. Darum war dieses Mädchen in der Kinderkolonie wohl zum ersten Mal in ihrem Leben glücklich. Sie sprach nur sehr selten von ihrer Familie, und sie bedauerte es keinen Augenblick, nicht mehr zu Hause zu leben. Da sie sehr intelligent war, schickte man sie aus dem Kinderheim auf die Mittelschule. Sie erzählte uns folgenden Traum:

Sie stand vor einem Spiegel. Auf einmal sah sie inmitten ihrer blonden Haare eine weiße Strähne. Die machte ihr Angst, und sie versuchte, sie auszureißen, hatte aber keinen Erfolg. Sie fragte sich, ob auch die deutschen Soldaten von Müttern geboren worden seien. Sie vernahm eine Explosion über ihrem Kopf. Jemand schüttete rötlichen Staub auf den Fußboden, und sie hatte Angst, daß dieser Staub sie ersticke. Zugleich aber hatte sie Angst, in der Kinderkolonie eine alte Frau zu werden.

NOCH EIN KINDERTRAUM

Sie war ein ganz reizendes Mädchen mit blonden, gewellten Haaren und blauen Augen. Aus irgendeinem Grund hatte man stets den Eindruck, sie wolle liebkost werden. Seit Kriegsbeginn hielt sie sich in einem Kinderlandheim auf. Sie war sehr hübsch und zu allen Leuten freundlich. Ihr Vater war in Kriegsgefangenschaft geraten, und ihre Mutter war zu arm, sie bei sich zu behalten. Es ging dem Mädchen nicht schlecht in dieser Kinderkolonie. Sie wurde dort gut versorgt, auch einigermaßen verpflegt, aber sie hatte eben kein richtiges Zuhause und litt darunter. Einmal beklagte sie sich:

»Der Krieg dauert schon zu lange. Ich möchte wieder mit meinen Eltern leben. Ich möchte jemanden haben, der für mich allein da ist und nicht immer in einer Reihe mit den anderen stehen. Gemeinsam schlafen, gemeinsam aufstehen, mit anderen Kindern, mit fünfzig anderen Kindern spielen zu müssen, das habe ich nun wirklich satt.«

Aus dieser Unzufriedenheit stieg ein Traum, von dem ich hier ein Bruchstück wiedergebe:

»Ich war ein armes kleines und buckliges Mädchen. Ich bat die Erzieherin um irgend etwas, und sie antwortete:

›Ich habe jetzt keine Zeit!‹

Das brachte mich in Wut, und ich schluchzte:

›Jetzt reicht's mir, ich will nach Hause zurück!‹

Die Erzieherin aber machte sich über mich lustig:

›Nun gut, dann sorge dafür, daß der Krieg zu Ende geht, dann kannst du gleich nach Hause!‹

Ich fragte sie:

›Was kann man denn tun, damit der Krieg aufhört?‹

Sie antwortete mir:

›Siehst du da die vielen toten Mücken? Den ganzen Haufen? Nun, darunter liegt Hitler!‹

Ich sah näher hin und erkannte, daß all diese Larven Uniformen trugen. Zu der Erzieherin sagte ich:

›Auch wenn es niemand wagt, zu Hitler zu gehen: Ich werde es tun!‹

Dann ging ich also zu Hitler und sagte ihm:

›Die Erwachsenen behaupten immer, daß Sie die Kinder lieben und daß die Kinder Sie wiederlieben müßten. Ich, für meine Person, ich möchte nicht mehr in einem Kinderlandheim leben. Hör auf mit dem Krieg! Die Kinder weinen schon alle!‹

Hitler antwortete nicht, sondern sah mich an, als verstünde er nicht, was ich gesagt habe. Ich hatte den Eindruck, er könne gar nicht französisch. Auf einmal sah ich, daß er zu einer Insektenlarve wurde und daß er mich aufsaugen wolle mit seinem Rüssel. Ich betete schnell zur Jungfrau Maria und erwachte.«

DIE GRUNDBIRNEN

In Lyon erzählte mir ein kleiner, alter Handwerker eines Tages: »Kürzlich hatte meine Frau ein Grundbirnen-Ragout gekocht, an dem wir drei Tage gegessen haben. Zuletzt konnte ich es nicht mehr ansehen, es roch auch nicht mehr gut. Ich wollte alles aus dem Fenster werfen, aber meine Frau schrie:

›Was willst du denn sonst essen? Du weiß doch sehr gut, daß man nichts kaufen kann!‹

Damit war ich also gezwungen, noch einmal von diesem Ragout zu essen, das mir gar nicht schmeckte. Dabei dachte ich mir: Wenn man wenigstens einen guten Schnaps zum Nachspülen hätte. Aber Schnaps war schon seit geraumer Zeit aus den Läden verschwunden. Und hier ist der Traum, den ich nach dem Streit mit meiner Frau dann träumte:

Ich kam mit meiner Tochter in einen Park (er hatte gar keine Tochter, nur einen Sohn). Wir waren unterwegs ins Theater. Plötzlich ließ meine Tochter ein Stück Kuchen fallen. Ich rief:

›Aber diese Kuchen sind doch mit Cholera infiziert, die mußt du selbst essen, sonst frißt sie ein Hund!‹

Daß der Kuchen auch meine Tochter krank machen könnte, bedachte ich in diesem Augenblick gar nicht. Ich hob die Kuchen auf, kratzte sie mit meinem Rasiermesser ab, wusch sie mit Eau de Javel, bis sie winzig klein waren, und schluckte sie dann hinunter. Zur gleichen Zeit sah ich einen Zug voll von Lebensmitteln in Richtung Deutschland fahren. Auf den Dächern der Waggons lagen Soldaten und riefen:

›Alle diese Lebensmittel sind für die Würmer!‹

Und ein langer Wurm rollte sich um meine Beine.«

DIE ZIGEUNERIN VON SANCERRE

In der Nähe eines Städtchens lebte eine kleine Zigeunersippe. Bis zum Krieg hatten sie mit ihren Wagen die Dauphiné und das Vivarais durchstreift, aber mit Kriegsbeginn war diese unstete Lebensform unmöglich geworden, und sie waren gezwungen gewesen, sich in der Nähe von Sancerre in einem baufälligen Haus niederzulassen.

Die alten Frauen der Sippe flochten Körbe, die Männer fingen Kaninchen und verkauften die Felle. Die jungen Frauen lasen aus den Handlinien oder schlugen Karten auf. Eines der Zigeunermädchen arbeitete für die Deutschen und verliebte sich in einen Soldaten. Ihre Liebe hätte sie beinahe zum Selbstmord veranlaßt. Dieses Mädchen erzählte uns eines Tages seinen Traum:

»Vor mir lag eine ungeheure Kugel. Sie machte die gleichen starken Geräusche wie ein Schiff, das durch das Meer fährt. Ich warf weinend einen Blick auf die Kugel. Sie war im Innern schwarz und spiegelte meine Tränen. Ich gab ihr einen Fußtritt, und dann kam meine Mutter und schlug der Fleischersfrau die Karten auf, deren Mann Kriegsgefangener war. Ich hörte, wie meine Mutter die Worte sprach:

›Meine arme Dame, Ihr Mann muß sehr auf der Hut sein, denn die Frau eines deutschen Generals hat sich in ihn verliebt. Das kann sehr gefährlich werden. Schreiben Sie Ihrem Mann unverzüglich, um ihn zu warnen!‹

Die Fleischersfrau blickte ein paar Sekunden in die Ferne und sagte dann:

›Warum soll ich ihn daran hindern, mit einer Deutschen zu schlafen, wenn es ihm Spaß macht? Ich habe auch einen Fritz im Bett, und das bekommt mir bestens!‹

Ich fragte meine Mutter:

›Und warum legst du mir nicht die Karten?‹

Meine Mutter antwortete:

›Weil du eine von uns bist. Du kennst dein Schicksal, denn du stehst ja mittendrin!‹

Ich ging in die Kaserne, und sie war voll von einem blassen Gold. Der deutsche Soldat, in den ich mich verliebt hatte, gab mir einen Tritt in den Hintern. Eine Klingel schrillte sehr laut. Jemand rief:

›Der Frieden ist da!‹

Ich sah, daß alle Kasernen, die Mauern, die Betten, die Stühle und die Soldaten selbst nichts anderes waren als Lebensmittel. Man konnte in alles hineinbeißen. Ich war gerade im Begriff, in meinen Soldaten zu beißen, als er schrie:

›Hau doch ab, du Zigeunerin! Man darf nicht mit dem Bauch zu fressen anfangen, sondern mit den Füßen. Da du das nicht getan hast, bist du auch nicht eingeladen.‹

Er warf mich hinaus und sagte:

›Und nachher, da werden wir Butterbrote essen und Kuchen und Orangen.‹«

DER MAQUIS

Sie war Witwe und hatte einen einzigen Sohn, den sie mit großer Sorgfalt aufgezogen hatte. Er leitete später eine Jugendherberge und wurde von den Deutschen in ein Arbeitslager einberufen. Dieser Einberufung leistete er jedoch nicht Folge, sondern ging in den Maquis. Seither hatte seine Mutter kein Lebenszeichen mehr von ihm erhalten. Zu dieser Zeit machte die Vichy-Polizei Jagd auf alle Widerständler und überzog das ganze Land mit Razzien. Die Mutter sorgte sich um ihren Sohn, was sich in ihren Träumen spiegelte:

»Ich war mit meinem Sohn in einem Bistro. Mein ganzer Körper war in Schweiß gebadet. Ich bemerkte ein Loch zu meinen Füßen. Mein Sohn und ich machten uns in guter Laune daran, dieses Loch näher zu prüfen und gewannen den Eindruck, es führe in irgendeinen Schlammgrund. Aber es war der Schlamm, aus dem unsere Seufzer aufstiegen. Ich sagte zu Pierre:

›Du solltest durch dieses Loch kriechen. Es ist der Weg zum Seelenheil!‹

Pierre, der einen langen Bart trug, antwortete:

›Mutter, dieses Loch ist nicht größer als ein Mauseloch. Da könnte ich niemals durchkriechen!‹

Ich begann zu rechnen:

›Zuerst müßtest du deine Intelligenz um zwanzig Prozent vermindern.‹

Mein Sohn holte aus seinem Gehirn eine Uhr heraus und stellte sie um zwanzig Prozent zurück.

Er wurde nun etwas kleiner und versuchte tatsächlich, in das Loch zu kriechen.

Ich sagte:

›Du mußt auch noch dreißig Prozent von deinem Mut ablegen!‹

Er schrumpfte abermals zusammen, aber es gelang ihm noch immer nicht, in das Loch zu schlüpfen. Die Seufzer, die aus dem Schlamm zu uns drangen, klangen immer verzweifelter. Ich sagte zu meinem Sohn:

›Jetzt müssen noch vierzig Prozent von deinen Listen, deiner Verschlagenheit weg!‹

Abermals wurde er kleiner, war aber immer noch zu groß. In diesem Augenblick kam mir ein Einfall:

›Du brauchst zehn Prozent Vorurteile«!‹

Pierre wurde wütend, nun aber schlüpfte er ins Loch wie eine Maus. Dann begannen alle Pflaumenbäume Frucht zu tragen.«

DER TRAUM EINES DICHTERS

Er war Gymnasiallehrer in Paris, mit ästhetischen Neigungen, und ein Dichter. Er sagte mir:

»Es gibt Träume, die einen wütend machen, weil sie uns in eine Kategorie von Menschen einreihen, zu der wir nicht gehören wollen. So ein Traum war der folgende:

Ich befand mich auf einer Weide und fraß Gras, als wäre ich ein Stück Vieh. Ich holte mir dabei die fürchterlichsten Leibschmerzen. Ich schickte meine Frau in eine Apotheke um ein Medikament. Sie sagte:

›Du gefällst mir. Weißt du denn nicht, daß alle Medikamente an der Front sind?‹

Ich kann Katzen nicht leiden. Meine Frau weiß das, aber sie warf mir eine Katze ins Gesicht. Zu meinem größten Schrecken leckte diese mir miauend das Gesicht ab, dann sprang sie mir auf den Bauch. Das Gras, das ich zu mir genommen hatte, begann sich zu bewegen. Mich überkam ein Brechreiz. Meine Frau sagte lachend zu mir:

›Du solltest dich an Katzen gewöhnen, denn wir essen sie oft. Ich kaufe sie auf dem Schwarzen Markt!‹«

DIE LIEBE

Sie war die Tochter eines Bäckers und lebte in der Nähe von Tournon in der Ardèche. Sie war achtundzwanzig Jahre alt, ein sehr ernsthaftes Mädchen und, wie die ganze Familie, eine geradezu militante Katholikin. Sie versäumte niemals die Messe, ging regelmäßig zur Beichte und organisierte katholische Feiern und Zusammenkünfte.

In der kleinen Stadt gab es eine ganze Menge alter Jungfern, und die Fleischerstochter hatte Angst, auch eine zu werden, denn bis zu diesem Tag hatte ihr keiner der jungen Männer aus der Gegend gefallen. Dann stellte sich endlich jemand ein, der ihr gefiel, aber es war unglücklicherweise ein Soldat der deutschen Besatzungsmacht. Man hatte ihn im Haus einquartiert. Er hatte eine Geige, und wenn sie Klavier spielte, dann begleitete er sie auf der Violine; sie sangen auch zu zweit. Er blieb nur kurz in der kleinen Stadt, und als er aufbrach, kündigte er an, sein Regiment habe Befehl erhalten, an die russische Front zu gehen. Seither war die Fleischerstochter stets in traurigen Stimmungen und träumte nur noch von ihrem Soldaten:

»Ich befinde mich in einem unbekannten Land. Ich stehe vor einem gemalten Kreuzweg, auf diesem Kreuzweg. Ich sehe mir das Bild näher an, und in der Bildmitte beginnt ein Gesicht zu lachen wie eine Karikatur. Die Schwestern aus einem Irrenhaus stehen lächelnd vor mir, und ein paar alte Bauern sehen dem allen zu. Ein netter, kleiner alter Mann zieht mich kräftig am Arm, um mich aus dem Bild herauszuholen. Ich will nicht fort. Neben mir finde ich die Stimme meines deutschen Soldaten, sie ähnelt einer bunten Violine. Meine Mutter liegt vor dem Bild auf den Knien und sagt zu mir unter Tränen:

›Siehst du nicht, wie der Nebel diese Geige besudelt? Paulette, du hast den Sinn für die Wirklichkeit verloren. Du bist auf französischem Boden geboren. Wir alle sind Franzosen! Du kannst doch nicht die Hure eines deutschen Soldaten werden. Dieser Soldat, das ist so einer von den Künstlern, die nichts zu beißen haben; du aber solltest dich mit einem jungen Bäcker verheiraten, der den Laden übernehmen kann, wenn Vater nicht mehr ist!‹

Ich weiß nicht, warum ich mich plötzlich ganz schwer werden fühlte. Ich stand vor der Grotte eines Heiligen und betete:

›Heilige Jungfrau Maria, zeig mir den Weg, der zu ihm führt.‹

In diesem Augenblick goß mir der deutsche Soldat Bier in den Mund, das ich trinken sollte.«

DER TRAUM EINES AKKORDEONSPIELERS

Die kleinen Musiker unserer Dorfstraßen sind lauter sentimentale Naturen. Der, den ich meine, war von Beruf eigentlich Wander-Uhrmacher in Clamart, seine wahre Leidenschaft aber war das Akkordeon. Er spielte meistens bei kleineren Dorfhochzeiten, wo die Paare zu seiner Musik tanzten. Sein großer Tag, der Tag seines größten Glückes aber war der 14. Juli.

Einige Tage vor diesem wichtigen Datum putzte er schon an seinem Instrument herum. Er ging nach Paris und spielte vor den Terrassen der Kaffeehäuser. Das geschah nicht nur, um die paar Sous aufzuheben, die man armen Musikern zuwarf, sondern vor allem, weil er überzeugt war, daß er den Leuten Vergnügen bereitete, die ihm zuhörten. Kriegsausbruch und Okkupation machten all dem ein brüskes Ende.

Er beklagte sich oft:

»Ich habe beinahe Angst, mein Akkordeon anzurühren. Ich frage mich, was nach meinem Tod daraus werden soll. Ich habe niemanden, dem ich es vererben kann, und was wird aus der Musik, die ich selbst für das Akkordeon komponiert habe? Es ist ganz und gar nicht lustig, inmitten solcher Erinnerungen einsam alt zu werden. Mitunter habe ich den Eindruck, daß alle meine Lieder aus meinem Leben geschwunden sind, und ohne sie erscheint mir das Leben traurig und langweilig.

Manchmal tröstet mich einer und sagt:

›Die Deutschen lieben doch auch die Musik.‹

Aber wie kann jemand die Musik lieben, der nicht auch die Menschen liebt? Seit die Deutschen Frankreich besetzt halten, habe ich jeden 14. Juli auf dem Friedhof zugebracht.«

Wovon mag so ein Mann träumen?

»Der 14. Juli kam wieder, und alle Türen waren geöffnet. Meine Taschen waren leer, denn ich hatte schon seit geraumer Zeit keine Lust mehr verspürt, ein paar Uhren zu reparieren. An diesem Tag nun waren die Straßen voll Sonne, und alle Dächer von Clamart wirkten wie vergoldet. Ich hatte frische Socken angezogen, meinen Anzug gebügelt und das Akkordeon umgehängt, das ich so lange in einem Winkel versteckt gehabt hatte. Aber als ich mein Instrument zu spielen versuchte, stiegen mir auf einmal die Tränen in die Augen. Ich versuchte es noch einmal. Es hatte den prachtvollen Klang aus alten friedlichen Zeiten bewahrt, und ich stieg in den Zug nach Paris. An jeder Kreuzung tanzte man, es waren lauter improvisierte Bälle für die kleinen Leute. Die Menschen waren glücklich, alle Mädchen waren schön. Ich spielte vor den kleinen Cafés und meine Taschen füllten sich mit Münzen, so daß ich kaum noch wußte, wohin ich sie stecken sollte.

Und dann, dann wachte ich auf. Es war der

14. Juli 1943. Deutsche Soldaten marschierten, das Gewehr über der Schulter, durch Clamart, und ich, ich schlich gebückt wieder einmal auf den Friedhof.«

ER WIRD TRAURIG

ROBERT IST EIN VIERZIGJÄHRIGER MANN, groß, schlank und sehr kräftig. Er hat eine sehr helle Gesichtshaut und einen munteren, ja fröhlichen Blick, wie manche Kinder. Wer immer ihn kennt, findet ihn sympathisch. Er ist allen Leuten gern gefällig und vergißt es nie, wenn ihm jemand eine Gefälligkeit erwiesen hat. Sein Vetter Paul hatte ihm häufig geholfen, so lange die beiden beim gleichen Regiment dienten. Sie wurden auf diese Weise gute Freunde und waren so oft zusammen, wie es sich nur ergab.

Eines Tages erhielt Paul die Einberufung in ein Arbeitslager. Er brach auf, ohne seiner Familie zu sagen, wohin. Eines Tages kam dann eine Postkarte mit der Mitteilung, »Ich haue ab! So bald wie möglich gebe ich ein Lebenszeichen, aber rechnet nicht zusehr damit.«*

Seither hatte man nichts mehr von Cousin Paul gehört, und Robert wurde von Tag zu Tag unruhiger, er machte sich Sorgen. Im Geist sah er seinen Freund und Vetter von Dorf zu Dorf gejagt, immer auf der Flucht vor der Gendarmerie. In den Nächten dachte er immerzu an Paul und zerbrach sich den Kopf über Möglichkeiten, ihm zu helfen; diese Sorgen wagte er jedoch nieman-

* Im Original teilweise im Argot, das die Deutschen nicht verstanden. (A. d. Ü.)

dem anzuvertrauen. Er, der bis dahin stets offenherzig gewesen war und gerne fröhlich geplaudert hatte, war zu einem düster gestimmten, verschlossenen Menschen geworden. In seinen Träumen suchte er Paul bald in diesem, bald in jenem Dorf:

»Ich war in einem Zimmer und gerade im Begriff, meine Zeitung zu lesen. Plötzlich vernahm ich schwere Tritte auf der Treppe. Die Tür ging auf, und Paul stand vor mir. Er trug eine deutsche Uniform und hatte schlohweiße Haare. Mit unsicheren Schritten schleppte er sich bis zum Bett und brach dort zusammen. Dann rief er:

›Wo ist der Herr Abt? Du siehst, ich habe keine Lampe mehr im Kopf! Hast du noch ein wenig Wärme zu verteilen? Ich jedenfalls, ich kann nicht mehr!‹

Ich sah, daß Pauls Stiefel ganz schmutzig waren und mit Blut bedeckt. Ich wollte ihm etwas zu trinken geben, aber er stieß mich zurück:

›Ich habe genug Blut getrunken! Gib mir lieber ein Bett mit einer Frau, die wie ein Pferd aussieht!‹«

MAN VERKAUFT MENSCHEN

Er war Vertreter für eine Bonbonfabrik im Süden Frankreichs. Politik interessierte ihn nur insoweit, als sie seine Geschäfte betraf. Der Krieg brachte seine Tätigkeit praktisch zum Erliegen. Darum haßte er Daladier, der diesen Krieg erklärt hatte, und später auch Hitler, der den Franzosen all jene Beschränkungen aufgezwungen hatte.

Ich war neugierig, zu erfahren, ob ein Mann dieser Art überhaupt träume, aber er träumte tatsächlich!

»Ich fuhr durch all die kleinen Orte im Süden, in meinem alten Citroën, aber mein Musterkoffer war leer. Meine alten Kunden sagten zu mir:

›Wozu kommen Sie überhaupt? Sie haben doch gar nichts zu verkaufen!‹

Ich antwortete:

›Warum bekommt man eigentlich nicht gleich bei der Geburt eine Lebensrente!‹

In allen Städten, durch die ich kam, wurden große Warenhäuser eröffnet. Über den Toren konnte man in Leuchtschrift lesen: *Hier werden Menschen billig verkauft.*

Ich trat in eines dieser Kaufhäuser. Vor einem Klavier saß ein Buckliger und spielte eine schmalzige Wiener Melodie. Als er mich erblickte, hielt er inne und quatschte mich an:

›Nimm deinen Hut ab, wenn du hörst, daß jemand Musik spielt!‹

Ich antwortete schüchtern:

›Aber ich habe doch gar keinen Hut auf?‹

Der Bucklige verwandelte sich plötzlich in eine Bulldogge und heulte:

›Das ist mir wurst! Wenn die Musik spielt, hast du deinen Hut abzunehmen!‹

Ich erblickte eine andere Bulldogge, die mich mit einem Jagdmesser skalpierte. Während das Vieh damit beschäftigt war, sagte es kein Wort, sondern grinste nur. Es schärfte sein Messer und schwang es in der Luft. Ich sagte, immer noch schüchtern:

›Ich bin nur eingetreten, weil ich etwas kaufen wollte.‹

Der andere Bullenbeißer, der während der ganzen Zeit nicht aufgehört hatte, Klavier zu spielen, bellte:

›Hier werden nur Hunde bedient!‹

Die Billig-Menschen wurden in die Kartons verpackt, in denen sonst Bonbons transportiert wurden. Als meine Kopfhaut mit den Haaren völlig skalpiert worden war, wurde auch ich eingepackt, in einen dieser Bonbon-Kartons. Da bin ich aufgewacht.«

EIN MECHANIKER ERZÄHLT

Er war Mechaniker in einem Färbereibetrieb und fünfunddreißig Jahre alt. Soldat bis zur Niederlage, kehrte er danach zu seiner Familie zurück und nahm seine Arbeit wieder auf. Er fürchtete die Deportation in ein deutsches Arbeitslager und träumte nachts davon:

»Ich weiß nicht, wie es zuging: Auf einmal trug ich eine deutsche Uniform. Neben mir lachte ein Schornsteinfeger. Man schickte mich auf Spähtrupp. Ich war gezwungen, auf dem Bauch durch ein ungeheures Gemüsefeld zu kriechen. Dieses Feld stank wie eine Krankheit. Während ich so dahinkroch, war ich ständig von hölzernen Kreuzen behindert, und irgend jemand heftete mir Medaillen an den Körper. Ich war bald ganz von ihnen bedeckt und fragte mich, wo man wohl Platz finden würde, um weitere anzubringen. Ich hatte Angst, daß man sie mir an den Hintern heften könnte. Nach jeder Medaille fühlte ich mich wieder ein wenig ärmer.

Plötzlich, als ich mich erhoben hatte, sah ich eine sehr dicke Frau, die Gemüse ausriß, und jede Pflanze wurde zu einem Schinken, kaum daß die Frau sie in die Hand nahm. Ich hatte seit Kriegsbeginn keinen Schinken mehr gegessen, kroch auf die Frau zu und bat sie:

›Kann ich vielleicht ein Stück davon haben?‹

Die Frau sah mich prüfend an und antwortete mit harter Stimme:

›Nein! Ich kann es nicht leiden, wenn sich Fremde an meinem Tisch vollstopfen. Ich heiße Rose. Du trägst eine Uniform, und wenn du so einen Schinken anrührst, trocknet er aus!‹

Da zog ich meine Uniform aus und kratzte mir alle Medaillen vom Körper.

Nach diesem Traum erwachte ich davon, daß man an meine Tür klopfte. Die Gendarmen brachten mir eine Einberufung in ein Arbeitslager, aber es gelang mir, mich zu retten.«

AUF DER FLUCHT

Im Sommer 1944 floh ein Intellektueller von Nizza nach Saint-Péray, weil die Deutschen Nizza besetzten. Er erzählte mir den folgenden Traum:

»Bomben explodieren ohne Unterlaß. Ich werfe mich in mein Bett. Mein ganzer Körper zittert unter dem Lärm der Explosionen. Ich bin ganz allein inmitten einer trostlosen Landschaft. Ich schreie zitternd:

›Tante, warum liebst du Pétain?‹

Ich bin von Lärm aller Art umgeben. Irgend jemand zerstampft ein Dorf zu Püree, und die Landschaft verliert alle ihre Farben. Irgendwo singt jemand immer wieder die Worte ›Ah, ah, ah, ah‹. Ein Schatten löst sich aus einem Felsen, und indem ich ihn betrachte, wird mir klar, daß es sich nicht um einen Felsen, sondern um eine dichtgeballte Masse von Soldaten handelt, die alle ein wenig höhnisch dreinschauen. Ich versuche, mich mit einem von ihnen zu unterhalten, und plötzlich tötet man einen Hahn, der gerade etwas singt. Sein Gesang erweckte allerdings den Eindruck, als habe der Sänger Zahnweh. Eine Hand in einem Zwirnhandschuh streut Hühnerfutter auf die blutende Erde. Ich klettere auf den Felsen. Alle Wege sind Fischgräten. Ich denke an Anina, ohne zu wissen, wer sie ist. Meine Mandeln schmerzen. Eine neue Explosion bricht los. Mir ist kalt, und ich weiß nicht, was mich erwartet. Ich ziehe einen Spiegel aus der Tasche, von den selben Ausmaßen, wie sie die Zirkusclowns bei sich führen. Ich sehe mich darin und erkenne, daß ich im Begriff bin, mich selbst zu zerstückeln. Ich fühle auf meinen Füßen Augen, die zu sehen vermögen. Eines davon sieht mich einen kleinen Stern in der Hand tragen, einen Stern, der singt:

›Früher gab es einen Fluß. Der ist ins Feld zurückgekehrt. Er hat dem Feld einen Fußtritt gegeben.‹

Dieser Stern ist eine Libellen-Larve. Ich fühle mich verfolgt. Alle schwangeren Frauen haben sich an meine Fersen geheftet, und sie entreißen die Kinder ihren Bäuchen, indem sie schreien:

›Wir werden niemals gestatten, daß unsere Kinder Uniform tragen!‹«

DER TOD IHRES GATTEN

Man hat mir diesen Traum nach 1945 erzählt, aber die Frau hatte ihn schon im Jahr 1943 geträumt. Sie war eine Jüdin aus dem Elsaß und kam nach Paris, als die Deutschen Elsaß und Lothringen besetzten. Ihr Mann war Schneider. Als die Deutschen in Paris einzogen, verbargen sich die beiden an verschiedenen Orten. 1942 wurde sie denunziert und verhaftet; was aus ihrem Mann geworden war, wußte sie nicht. Man brachte sie nach Auschwitz. Wie alle jene, die solch ein Lager überlebt haben, liebte sie es nicht, darüber zu sprechen. Uns aber erzählte sie einen Traum, den sie am 6. Februar 1943 hatte:

»Man verhaftete meinen Mann an der Métrostation *Porte d'Italie,* als er gerade kommunistische Flugschriften verteilte. Man warf ihn in einen Keller, und Leute von der SS prügelten ihn tot. Ich wachte auf und stieß hysterische Schreie aus, und der Traum verfolgte mich Tag für Tag, so lange ich im Lager war. Als ich 1945 nach Paris zurückkehren konnte, betrieb ich die Suche nach meinem Mann. Er war am 6. Februar 1943 ermordet worden.«

BEI TAGESANBRUCH

Nach der alliierten Landung in der Normandie nahmen die Aktivitäten des Maquis erheblich zu. Die Maquisards ließen Brücken hochgehen und sprengten Straßenstücke, über welche die zurückweichenden deutschen Armeen kommen mußten. Züge der deutschen Wehrmacht wurden immer wieder zum Entgleisen gebracht. Die Deutschen hoben überall Franzosen aus, um Wege und Gleise wieder instandzusetzen, aber viele dieser Zwangsarbeiter liefen davon und gingen in den Maquis.

Sie war ein Mädchen von zwölf Jahren. Ihre Mutter war Lehrerin, und sie lebten zusammen in dem Gebäudekomplex, der die Schule beherbergte. Sie erzählte uns ihren Traum:

»Es war in der Religionsstunde. Ein Soldat kam in die Schule und befahl allen Müttern und allen Kindern, ans Ufer des Meeres zu gehen, um zu kämpfen. Aber keine der Mütter und keines der Kinder trug Söckchen. Das erschreckte mich so sehr, daß ich zu schreien begann. Eine Gruppe von Männern kam daher, sie hatten scheußliche Gesichter, und ihre Blicke bohrten Löcher in die Luft. Beim Anblick dieser Männer verschwanden alle Mütter und alle Kinder.

Ich entsann mich, daß meine Mutter mir einmal gesagt hatte:

›Wenn man singt, kann man sich immer wehren!‹

Wir hatten ein Lied über den Frühling angestimmt, aber die Männer mit den scheußlichen Gesichtern nahmen uns dieses Lied aus dem Mund und schlossen es ein. Wir wollten nicht sterben, aber wir wußten auch nicht, wo wir uns verstecken sollten. Plötzlich sahen wir Schiffe heranschwimmen und riefen voll Freude:

›Da ist unser Schutz!‹

Wir wollten in diese Boote steigen, aber auf einmal wurden wir alle krank.«

DIE LAUS

Sie war eine kleine, mollige Frau mit braunen Haaren. Sie hatte Angst, von den Deutschen als Geisel genommen zu werden, denn ihr Mann war im Maquis. Sie begab sich ziemlich oft zu einer Wahrsagerin, um sich die Karten legen zu lassen und ihre Zukunft zu erfahren. Diese Frau arbeitete auch für die Deutschen; sie sagte der Brünetten allerlei Flausen und phantasievolle Gefahrensituationen voraus, und die mollige junge Frau wurde vor Aufregung krank. In dieser Zeit träumte sie oft, und dies ist einer der Träume:

»Ein Spitzel macht in einer Frühlingslandschaft Jagd auf Vögel. Wenn er einen erlegt, so ißt er ihn gleich auf. Dazu singt er ein böses Lied:

›Die Frauen haben Angst vor mir, weil ich ihre Männer nicht liebe. Ich bin der Chef einer Gangsterbande.‹

Dieser Spitzel ist eine riesige Laus. Aber ich habe nicht die Zeit, diese Laus zu töten, weil eine Bombe in das Haus einschlägt. Ich schlage mir selbst die Karten auf, und sie sagen mir:

›Wenn es dir gelingt, diese Laus zu töten, wirst du glücklich leben und dein Mann wird nach Hause zurückkehren.‹

Ich suche die Laus überall, aber es gelingt mir nicht, sie zu finden.«

EINE GESCHICHTE AUS SAINT-PERAY

SIE WAR EINE SCHÖNE FRAU und sehr gepflegt, ohne es zu übertreiben. Sie besaß eine kleine Kurzwarenhandlung. Bis zu ihrer Scheidung war sie eine eifrige, praktizierende Katholikin; seither freilich hatte sich ihre Beziehung zur Kirche ein wenig gelockert. Zu jung, um allein zu leben, hatte sie die Absicht, sich abermals zu verheiraten, geriet dadurch jedoch in Konflikt mit ihrer katholischen Erziehung. Als der Rückzug der Deutschen begann, kamen viele Soldaten durch den Ort, und die Bevölkerung lebte in Angst. In dieser Zeit hatte die junge Frau den folgenden Traum:

»Während eines Luftangriffs wollte sich eine Ordensschwester mit einem Kind aus dem Chor bei mir verbergen. Ich lehnte ab und schlug die Türe zu. Die Nonne versuchte, die Tür aufzubrechen, schaffte es aber nicht, denn ich hatte sie verbarrikadiert. Da kam sie mit dem Kind durchs Fenster. Ihre Zähne klapperten vor Furcht. Ich warf sie abermals hinaus, nun durch das Fenster. Da sangen sie:

›Herr Jesus, vor dir sollten sich alle Türen auftun!‹

Schließlich wollten sie durch das Schlüsselloch ins Zimmer gelangen, ich aber hatte es mit Heiligenbildchen verstopft. Plötzlich kamen dann auch deutsche Soldaten. Sie trugen lange Bärte, und ihre Haare waren offen und lang. Ihre widerlichen Hände berührten meinen nackten Körper.

Sie sagten:

›Wenn du dich uns nicht hingibst, lassen wir vom Himmel kleine Bomben regnen, die alles zerschneiden!‹

Da wehrte ich mich nicht mehr, und sie nahmen mich. Als sie mich verließen, mußte ich mich übergeben. Neben mir lagen die Nonne und das Kind auf den Knien und beteten.«

SIE BITTET UM MITLEID

Sie war aus Antwerpen geflüchtet und wohnte seit der Niederlage im Département Rhône. Von ihrer Familie hatte sie seit Jahren nichts mehr gehört. Wie viele andere litt sie unter der langen Dauer des Krieges, und das Warten, das lange Warten hatte ihr die Zuversicht genommen. Dazu kam, daß sie ein wenig abergläubisch war und glaubte, daß zuviele Gedanken an den Frieden diesen selbst gefährden würden. Selbst nach der Landung der Alliierten in der Normandie zweifelte sie noch am Kriegsende. Während des deutschen Rückzugs und der letzten Übergriffe der Besatzungsarmee blieb sie sehr ruhig.

Eines Tages besetzten die Deutschen den Garten jenes Schlosses, in dem sie Wohnung gefunden hatte. Sie war freundlich zu den Deutschen und bemühte sich, jeden Anlaß eines Zwistes zu vermeiden. Nicht allzu fern vernahm man das Gewehrfeuer von Scharmützeln zwischen Deutschen und Maquisards. Die Stellungen der Deutschen wurden von französischen Flugzeugen angegriffen, und die Deutschen jagten die eigenen Munitionslager in die Luft, damit sie nicht den Alliierten in die Hände fielen. Die Mauern zitterten, und man fürchtete, daß kein einziges Haus dies alles überstehen würde.

Plötzlich wurde es, wie durch ein Wunder, still.

Der letzte deutsche Soldat war verschwunden, man hörte auch kein Geschützfeuer mehr. Am schwarzen Himmel kreuzten einige vereinzelte Vögel. Die verschreckten Ortsbewohner kamen aus ihren Häusern und betrachteten die Zerstörung. Seit dieser Zeit hatte die Belgierin beinahe in jeder Nacht die schrecklichsten Träume:

»Ich liege im Bett, in einem sehr kalten Zimmer. Mein Bett ist von einem Vorhang aus Tomaten umgeben. Ich studiere einen großen Atlas, der seltsamerweise wie ein Vogel singt:

›Hosenträger sind nicht mehr in Mode. Man stirbt, um die Nation zu mästen!‹

Einer meiner Mundwinkel wuchs und wuchs, als hätte ich Elephantiasis. Ich hatte nicht einmal mehr die Zeit, mich zu bekreuzigen, denn mir gingen immer wieder amüsante Fragen durch den Kopf.

›Ist ein Minderwertigkeitskomplex eigentlich vererbbar?‹

Auf dem Kopf trug ich einen dunkelblauen Hut, den nahm ich stets, wenn ich in die Messe ging. Das war für mich eine ziemlich traurige Zeremonie. Auf einmal begann alles in mir zu zittern. Das Dach meines Hauses brach zusammen, und ich erblickte den Himmel. Große dunkle Wolken, schwere Wolken brachen auf mich nieder. Sie machten dabei einen solchen Lärm, daß ich fürchtete zu zerspringen. Ich versuchte, sie zu ersticken, aber es handelte sich um gleitende, schleimige Massen. Ich wollte schreien, aber irgend etwas hinderte mich daran. Ich hatte Schmerzen in der Brust. Mein Herz löste sich daraus und verwandelte sich in eine blutige Blume, die in einem Gießbach schwamm. Diese Blume rief mir zu:

›Erbarmen! Warum denn dieser Krieg! Erbarmen!‹

Plötzlich schüttelte mich mein Mann und sagte zu mir:

›Ich gebe dir drei Rationen Alkohol. Schnell, das Haus brennt, rette dich!‹

Ich stieg die Treppe hinunter. Die Luft war stickig, und ich hörte Frösche quaken. Ich hatte den Eindruck, in ein Koma zu versinken. Die Bäume sahen alle aus wie Gehängte. Dann vernahm ich eine gewaltige Explosion. Alle Leute schrien:

›Das sind die deutschen Flugzeuge, sie sind zurückgekommen!‹«

DER WOLFSHUND

Die deutschen Armeen waren auf dem Rückzug. Als sie Charmes durchquerten, eine kleine Stadt in der Ardèche, öffnete eine alte Frau ein Fenster, um die Truppe zu sehen; ein deutscher Offizier schoß in das unversehens geöffnete Fenster und tötete dabei die Frau. Auf einem größeren Bauernhof rasteten dann die Deutschen. Sie waren hungrig und verdreckt und hatten eine Französin bei sich, die eine Uniformhose trug. Die Frau des Liegenschaftsverwalters versuchte, mit ihr ins Gespräch zu kommen:

»Was tun Sie denn bei den Deutschen?«

Die Französin antwortete:

»Ich war die Freundin des Barons, des Offiziers, der die alte Frau erschossen hat. Jetzt bin ich nicht mehr mit ihm zusammen, aber ich mache den Rückzug mit, auf dem Fahrrad. Ich soll die Schlupfwinkel der Maquisards ausfindig machen.«

Die Deutschen blieben nur zwei Tage auf dem Gehöft. Eines Morgens vernahm man einen Gewehrschuß aus dem Zimmer, in dem der Offizier schlief. Der Baron hatte sich in Gegenwart seiner früheren Mätresse das Leben genommen. Die Französin erzählte der Frau des Verwalters:

»Heute Nacht hat der Baron mich aufgeweckt. Ich war glücklich, denn ich nahm an, er wolle wieder mit mir schlafen. Aber darum ging es nicht. Er wollte mir nur einen furchtbaren Traum erzählen, den er gehabt hatte.«

Und die Französin erzählte den folgenden Traum:

»Er saß in einem Café, wo er sehr bekannt war. Ich stand vor ihm und sagte zu ihm:

›Nur die Orientalen kennen die Frauen wirklich!‹

Er sprang auf, suchte nach seiner Hundepeitsche und wollte mich schlagen – er schlug mich oft, in Wirklichkeit.

Im Traum schrie er:

›Nur ich bin dein Zuhälter!‹

Ich griff nach meinem Spiegel und sagte:

›Sieh dich an, du bist kein Mensch mehr, du bist ein Wolfshund!‹

Er wollte unsere Rechnung bezahlen, hatte aber kein französisches Geld bei sich, und der Kellner weigerte sich, deutsches Geld anzunehmen. Er jagte mich auf die Straße hinaus und bellte hinter mir her:

›Geh auf den Strich und bring mir Geld!‹

Der Wolfshund sah, daß kein einziger Franzose sich mit mir einlassen wollte, und das, obwohl ich mich zu immer niedrigeren Summen anbot. An der Tür des Bistros stand der Kellner, angezogen wie ein Maquisard und eine Maschinenpistole in den Händen, und schrie:

›Dieser Wolfshund will seine Rechnung nicht bezahlen. Man muß ihn erschießen!‹«

Und die Französin beendete ihre Erzählung mit den Worten:

»Als er mir diesen Traum erzählt hatte, nahm er sein Gewehr und schoß sich eine Kugel in den Unterleib.«

DER KOPF

Er war Schlosser in einem Vorort von Paris, ein lebhafter, aufgeweckter Junge, der während der ganzen Besatzungszeit in der Résistance gekämpft hatte. Er wurde nie verhaftet, und er war ein sehr realistischer Typ, der selten träumte. Als die Stadt Paris befreit wurde, hatte er den folgenden Traum:

»In den Arbeitervierteln verkaufte man Blumen, die so stark leuchteten, daß man sie gar nicht ansehen konnte. Man konnte sie nur riechen. Und wenn man sie dann roch, stellte man fest, daß es sich um Hühnchen handelte, neunzehn Francs das Stück. Ich wollte auch diese Blumen kaufen, bemerkte aber, daß ich keinen Kopf hatte und daß ich ohne meine Augen den Duft dieser Blumen nicht genießen könne. All die illegalen Flugschriften, die ich vier Jahre lang verkauft hatte, und all die Attentate gegen die Besatzungsmacht hatten bewirkt, daß mein Kopf in viele kleine Stücke zerschlagen war. Ich begann, ihn mühsam wieder zusammenzusetzen, und fand hin und wieder ein Stück bei den Leuten, denen ich in der Besatzungszeit geholfen hatte. Sie gaben mir die Stücke zurück, und ich sah zu meiner Verblüffung, daß es sich um kleine Juwelen handelte. Was aber noch immer fehlte, das war das Augenlicht. Ein Kamerad, der während der Schlacht um Paris neben mir gefallen war, hatte es mit sich genommen. In diesem Augenblick stieß mich ein gut ausgerüsteter Soldat in eine Fabrik und sagte:

›Wozu brauchst du denn noch deine Augen? Jetzt sind schließlich wir da, das muß dir genügen. Die Augen, das sind Diamanten, die sind nichts für einen Arbeiter!‹«

EIN JÜDISCHER PHILOSOPH

Er war an der russisch-polnischen Grenze geboren und Professor der Philosophie. Wie alle Intellektuellen in Mitteleuropa interessierte er sich für die Politik der Linken, und das hatte ihn nach Paris geführt. Er verfügte über alle Voraussetzungen, hier in Paris in seinem Fach Karriere zu machen. Seine Einbürgerung lief, aber der Krieg brach aus, und er war plötzlich gezwungen, sich als ausländischer Jude in Toulouse zu verstecken. Dies war ihm gelungen dank der guten Verbindungen zur Polizei, über die ein in Toulouse lehrender deutscher Philologe verfügte.

1943 wurde die Situation auch für die ausländischen Juden in Frankreich schwierig, und der Philosophieprofessor sah sich genötigt, in die Wälder zu gehen, wo er als Holzfäller arbeitete. Ich traf nach der Befreiung wieder mit ihm zusammen. Er lebte nun wieder in Toulouse, mochte aber nicht gerne von den letzten Jahren sprechen, und Politik im allgemeinen war ihm ebenfalls zuwider. Aber er erzählte mir einen Traum, den er bei der Befreiung gehabt hatte, als er sich bereits als freier Mann fühlen durfte:

»Ich rief ein Taxi, das mich in meine Zukunft fahren sollte. Das Taxi fuhr durch eine lange Dunkelstrecke. Es war schrecklich, tiefste Einsamkeit überall. Ich begriff, daß es ein Unglück sei, Intellektueller zu sein, und obendrein Jude. Ich schlug mich mit meinen eigenen Händen, aber mir war immer noch kalt, selbst wenn ich auf mir herumklopfte. Ich hatte aus den Abfalleimern der Hitlerwehrmacht Kohlen zusammengetragen und fragte mich:

›Wird man von uns Juden eines Tages die Legende nehmen, daß wir für ewig ruhelose Wanderer sind? Denn es ist diese Legende, in der unsere Sünden wurzeln!‹

Ich nahm meinen Kopf in die Hände. Ich wollte ihn tragen, aber er war so schwer wie ein Felsen, und ich konnte ihn nicht einmal aufheben. Ein wenig wehleidig und zugleich romantisch gestimmt, versuchte ich, mich in meinem Traum unterzubringen. Ich stand aufrecht vor unendlichen Flüssen. Ich versuchte, das Leben herauszufischen, aber diese Riesenströme erwiesen sich als flüssiges Kerzenwachs. Es waren die viel zu spät geweinten Tränen über das Ghetto. Als ich mich in diese Tränen hineinbegab, sah ich, daß es sich um trockene, bittere, verdorbene Früchte handle. Der Taxifahrer schrie auf einmal:

›Verlassen Sie das Taxi! Ihr Ziel ist viel zu weit entfernt, soviel Geld haben Sie gar nicht, um diese ganze Reise zu bezahlen.‹«

DER PARASIT DER ERDE

Vor dem Krieg war er Kellner im *Café du Dôme* auf dem Montparnasse. Die Kaffeehauskellner sind alle ein wenig seltsam und jedenfalls keine bürgerlichen Existenzen, und auch er machte keine Ausnahme von dieser Regel. Vier Jahre lang war er in Deutschland gefangen gewesen.

Ich fragte ihn, ob er in der Zeit seiner Gefangenschaft nicht vom *Dôme* geträumt habe. Er antwortete:

»Viel zu oft!«

Dann fragte ich ihn:

»Sie sind doch sicherlich sehr zufrieden, zu sehen, daß Frankreich befreit ist und daß Sie nun wieder im *Dôme* servieren können?«

»Bis zum letzten Tag«, antwortete er, »haben weder meine Kameraden noch ich an die Befreiung Frankreichs glauben können – auch dann noch nicht, als die Russen bereits in Deutschland eingedrungen waren. Wir waren überzeugt, die Deutschen ließen die Russen nur herein, um sie umso sicherer in die Zange zu nehmen und zu vernichten. Hören Sie sich den Traum an, den ich einen Tag vor meiner eigenen Freilassung hatte:

Ich hörte in regelmäßigen Abständen Granaten einschlagen, und jede von ihnen zerstörte ein Haus. Die Russen von der einen, die Franzosen von der anderen Seite trugen riesige Sonnen in ihren Händen. Wir schrien:

›Großartig, jetzt können wir uns mit Wodka und mit Pernod besaufen!‹

Aber die Deutschen bliesen Nebel über alle Straßen, und diese Nebelschwaden fraßen die Sonnen auf, welche die russischen und die französischen Soldaten in den Händen getragen hatten. Als diese Soldaten fielen, ähnelten sie armseligen Tieren. Man sperrte uns in einen Keller, in dem es ganz finster war, und ein Holzbildhauer begann, unsere Portraits zu machen. Er schnitt unsere Gesichtszüge in Platten aus wurmstichigem Holz.«

VON AUSCHWITZ ZURÜCK

ICH FRAGTE EINEN MANN, der Auschwitz überlebt hatte, ob er in jenem Konzentrationslager geträumt habe. Er antwortete mir mit einer Gegenfrage:

»Sind Sie ein Sadist, daß Sie so fürchterliche Dinge erzählt bekommen wollen?«

Er schüttelte den Kopf, dachte nach und sprach dann:

»Ich träumte sehr selten, denn ich hatte nur einen einzigen Wunsch: zu schlafen. Unglücklicherweise fehlte mir eines Tages doch die Kraft, mich meinem Traum zu widersetzen:

Ich war befreit worden, aber eine Nachtwache gab mir aus Rache, und weil ich immer noch lebte, einen Spiegel. Ich hatte vergessen, was das sei und dachte, man könne ihn essen. Ich ergriff ihn und wollte ihn hinabwürgen, als ich eine Art Gespenst sich darin spiegeln sah. Ich war so erschrocken, daß ich den Spiegel auf die Erde warf. Der Naziwächter sagte mir:

›Das Schwein, das dir gerade entgegengeblickt hat, das warst du selbst!‹

Man stieß uns in einen Wagen, und ich hatte Angst einzusteigen. Man gab uns Zuckerzeug zu essen, aber ich wagte es nicht anzurühren, denn ich fürchtete, daß die Lagerwachen darin verborgen seien. Wir fuhren durch ein Land mit vielen

Bäumen. Ich hatte den Eindruck, dies alles nie zuvor gesehen zu haben. Ich hörte die Glocken fröhlich läuten und begriff doch nicht, warum sie einen so freudigen Klang hatten.«

DIE ANGST VOR IHRER SCHÖNHEIT

IHR VATER WAR MECHANIKER, und sie hatte, seit sie lebte, eine tiefe Abneigung gegen alle Berufe dieser Art. Sie war auf einer der griechischen Inseln zur Welt gekommen, ein Mädchen von bewundernswerter Schönheit, das einen berühmten Drehbuchautor aus Hollywood geheiratet hatte. Für anderes als ihre eigene Schönheit interessierte sie sich nicht, nicht einmal für ihren Gatten. Sie war eine wandelnde Reklame für alle Schönheitsinstitute der Welt und blieb bei ihrem Mann wohl nur, weil er ihr die Mittel gab, ausschließlich für ihre Schönheit zu leben.

Ich machte ihre Bekanntschaft in der *Rose rouge,* im Jahr 1947, und sie war dort, weil man dieses berühmte Cabaret einmal besucht haben mußte. Ich war zu jener Zeit noch immer von der Manie besessen, Träume zu sammeln, und ich brannte vor Neugierde, zu erfahren, was eine so schöne Frau wohl während des Krieges geträumt haben mochte. Ich fragte sie, wie sie diese bewegten Jahre zugebracht habe, und ob sie viel geträumt habe. Sie sah mich mit einem kleinen mißtrauischen Lächeln an und stellte die Gegenfrage, ob ich mich für die Psychoanalyse interessierte. Später, in der Pause der Vorstellung, sagte sie mit einem Anflug von Ironie:

»Sie müssen nämlich wissen, bei uns drüben, in Amerika, da wachsen die Psychoanalytiker zur Zeit wie die Champignons, das ist sicher die Rache der Deutschen für ihre Niederlage. Bei uns läßt sich zur Zeit jeder analysieren, ich aber sage wie Anita Loos*: ›Ich habe keine üblen Träume, denn mein Mann zahlt alles...‹«

Ich mußte schwören, daß ich kein Psychoanalytiker sei: Ich hatte lediglich den Wunsch zu erfahren, was eine so schöne Frau wie sie in diesem Krieg geträumt habe. Daraufhin begann sie zu erzählen:

»Es war im Jahr 1944, und wir waren in Texas. Mein Komiker von Mann suchte ausnahmsweise einmal nicht ein Sujet für ein Scénario à la Buffalo, sondern wandelte auf den Spuren von Sergej Eisenstein, in Erinnerung an dessen Film *Que viva Mexico*. Er wollte einen Film über das Liebesleben der Indianer drehen und über ihre Denkweisen. Er hatte ziemlich bald herausgefunden, daß die Indianer über ein gegebenes Thema nicht so dachten wie wir Weißen: Sie beschäftigten sich viel mehr mit der Erstreckung dieses Themas ins Unendliche. Es war eine Gedankenwelt ohne Grenzen. Wenn ein Indianer nachdenkt, so macht er eine Grimasse mit dem linken Mundwinkel. Ich habe nie herausgefunden, warum.

Es erwies sich als sehr schwierig, Material über das Liebesleben der Indianer zu sammeln, und

* Anita Loos, Drehbuchautorin (»Gentlemen prefer blondes« u.v.a)

mein Mann sah kein Ende ab. Dann wurde Hiroshima bombardiert. Wir waren zunächst sehr glücklich, weil wir ja der Meinung waren, der Krieg dauere ohnedies schon zu lange. Im Innersten aber war uns nicht ganz wohl zumute. Mein Mann sagte eines Tages zu mir:

›Niemand weiß, wohin uns all das noch führen kann!‹

Und da hatte ich einen sehr seltsamen Traum:

Ein alter Indianer spielte mit Tauben. Ich empfand ein gewisses Verlangen, sein Gesicht zu sehen, aber er achtete darauf, es verborgen zu halten. Wir saßen mit ihm am Ufer eines Flusses. Mein Hund biß ihn ins Bein. Der alte Indianer war ein Maulwurfjäger. Er sagte mit einer singenden Stimme:

›Der Wolf will noch Blut lecken. Das kommt von der Milch der Frauen. Wir sind geboren, um krank zu werden.‹

Unvermittelt begann er dann zu lachen:

›Sehen Sie? Dort unten läuft der Herr des Echos!‹

Er warf einen Blick auf den Fluß und fuhr fort:

›Diese silberglänzenden Fische sind nicht genießbar, denn sie verstehen es nicht, zu laufen wie die Maulwürfe. Sie werden alle vergiftet werden, und dann kommen sie in die Museen der weißen Männer. Bald wird man nicht mehr wissen, wohin man sein Haupt legen soll, weil überall Museen gebaut werden.‹

Mein Mann schrie den Indianer an:

›Du hast schon wieder einen fahren lassen!‹

Ich persönlich kann es nicht leiden, wenn mein Mann sich so rüde ausdrückt. Er behauptet jedoch immer wieder, das bringe sein Beruf so mit sich. Der alte Indianer erhob sich und lief dem Echo nach. Als er uns den Rücken zuwandte, sah ich, daß Schatten ihn verfolgten; sie riefen:

›Unser Name ist *Komplett*‹

Diese Kompletts waren in Wahrheit Spinnen. Sie fuhren in Jeeps, sprangen in die Luft und schrien:

›Wir morden. Ho!‹

Der Fluß erhob sich in die Luft. Er stank nach Kot. Ich fürchtete um meine Schönheit. Ich empfand Verlangen, Schokolade zu essen. In den Lüften heulten die Spinnen:

›Die Leute, die ihr Leben so lieben, sind uns völlig gleichgültig!‹

In diesem Augenblick sah ich eine Konservenfabrik, die für die armen Kinder Griechenlands arbeitete. Ich dachte an Paris und fragte mich:

›Existiert es überhaupt noch?‹

Die silbrigen Fische im Fluß öffneten ihre Mäuler. Die Spinnen erhitzten die Fische für die Museen. Ich hatte Angst. Ein Japaner lachte, aber dieses Lachen klang wie ein Schluchzen. Während er lachte, biß er sich auf die Lippen. Ich fragte mich:

›Können die Menschen überhaupt noch schlafen?‹

Die Spinnen heulten:

›Wir werden alles zerstören, was glänzt, was fährt und was Farben hat!‹

Ich hatte Angst, daß Paris und ganz Griechenland in diesem Krieg zugrundegingen und daß die Menschen dazu verdammt sein würden, fortan ohne Lachen zu leben.«

Sie unterbrach ihre Erzählung und sah eine Weile den nackten Mädchen zu, die auf der Bühne des Cabarets tanzten.

»Ich habe«, sagte sie dann, »diesen Traum niemals meinem Mann erzählt, denn er hätte sich nur über mich lustig gemacht. Aber ich wurde in Texas schwer krank und konnte nichts von dem bei mir behalten, was immer ich aß. Mein Arzt riet mir schließlich, das Land zu verlassen.«

Ich überlegte lange. Durfte ich ihr zu diesem Traum irgend etwas sagen?

So fragte ich sie nur:

»Und sind Sie jetzt glücklich, da Sie wieder in Paris sind?«

Da wurde sie sogleich wieder jene schöne Frau, die sich für nichts anderes interessiert als für die eigene, strahlende Schönheit, und sie antwortete lächelnd:

»Paris ist die einzige Stadt der Welt, die den Frauen das Recht gibt, nichts anderes zu sein als schön!«

MAN HAT IHR DEN KOPF RASIERT

Nach der Befreiung Frankreichs, gegen Ende des Krieges also, gefielen sich die Pariser darin, den Frauen und Mädchen, die Beziehungen zu Deutschen unterhalten hatten, das Kopfhaar abzuschneiden und mitunter auch ihre Köpfe zu rasieren.

Ich versuchte, einige dieser Frauen zu befragen, was sie nach dieser peinlichen Erfahrung geträumt hätten, aber obwohl ich fünfzig von ihnen ansprach, war nur eine bereit, mir einen Traum zu erzählen, und diese eine behauptete, im Grunde unschuldig zu sein.

Sie war die Witwe eines Kunsthändlers, der vor allem alte Stiche verkauft hatte. Sie trug die Haare wie einst Marie-Antoinette und erzählte die folgende Geschichte:

»Nein, ich kann nicht sagen, daß ich die Deutschen besonders gemocht hätte. Aber was wollen Sie? Sie waren gute Kunden. Nie zuvor hatte ich mehr Käufer für Stiche aus dem achtzehnten Jahrhundert, vor allem, wenn es sich um erotische Themen und Szenen handelte. Einmal trat ein Deutscher in Uniform bei uns ein. Er betrug sich wie ein Marquis und sagte zu mir, indem er mir gerade in die Augen sah:

›Es ist doch Unsinn, alte Stiche zu kaufen, wenn

man einer Frau wie Ihnen gegenübersteht, einer Frau mit den Haaren der Marie-Antoinette!‹

Er fragte mich, ob er meine Haare streicheln, sie liebkosen dürfe.

Was wollen Sie, Monsieur, mein Mann war ein ältlicher Kaufmann, viel älter als ich, ohne Verständnis dafür, daß ich mein Leben lang auf etwas Besonderes gewartet hatte, das dann doch nicht eintraf. Der Deutsche kannte alle Raffinements des galanten Jahrhunderts. Politik hat mich nie interessiert und interessiert mich auch jetzt nicht. Aber ist es denn ein Verbrechen, das Vergnügen zu akzeptieren, wenn es sich schon anbietet? Meinem Mann war alles egal, aber die Nachbarn zerrissen sich die Mäuler und brachten die Maquisards gegen mich auf. Seither träume ich oft, und ich muß sagen, daß diese Träume nicht einmal unangenehm sind:

Ich war ein Hermaphrodit, und bei mir war Sacha Guitry, der im Traum ebenfalls ein Hermaphrodit war. Wir warteten auf etwas, ohne zu wissen, worauf. Plötzlich fühlte ich in mir etwas Leuchtendes, ähnlich der Haut eines Reptils. Dieses Ding glitt durch meinen ganzen Körper hin und betrachtete mich zugleich mit dem Opernglas. Dann begann es an mir zu knabbern und verwandelte schließlich mein ganzes Inneres in Staub. Es war ein unaussprechliches Vergnügen, auf diese Weise zu Staub zu werden, und ich sagte laut zu Sacha Guitry:

›Soll meine Mutter mich dafür ruhig hassen!‹

Was in mir nagte, erkannte ich schließlich als Termiten. Sacha Guitry sagte zu mir:

›Ich habe keine Angst vor Termiten, ich nicht! Meine Kochrezepte könnten Sie nicht essen, sie sind gar nicht aufgeschrieben. Auch meine Kennerschaft guter Weine könnten Sie nicht verzehren, dies alles ist auch nicht aufgeschrieben. Ich habe das alles in meinem Gedächtnis, und mein Gedächtnis könnten Sie nicht essen, denn das würde Sie im Magen drücken.‹«

Sie unterbrach sich und schloß:

»Ist das nicht ein merkwürdiger Traum? Aber das Komischeste daran ist, daß ich nach diesem Traum lange Zeit Zahnweh hatte...«

NACHWORT DES ÜBERSETZERS

Bei der Übersetzung dieser Traumerzählungen erwachte in mir immer wieder der Wunsch, die Träumer zu identifizieren, ihren weiteren Lebensweg und ihre persönlichen Umstände zu erforschen. Es waren raffinierte Rätsel, die Szittya mir aufgab, mit Andeutungen, die eigentlich reichen mußten, oder mit vagen Bemerkungen, die zum Weiterdenken anregten, ist doch zum Beispiel die Zahl der berühmten Goya-Forscher durchaus überschaubar, auch die der Schauspieler, die Jean Renoir in größeren Rollen beschäftigte und so weiter. Andere Auskünfte gab uns Frau Szittya, vor allem zu Menschen, mit denen sie seit den schweren Jahren dieser Wanderung durch Frankreich bekannt oder gar befreundet ist, und wieder andere Hinweise ergaben sich aus den Tagebüchern, die Männer und Frauen führten, mit denen Szittya nach 1944 und nach der Rückkehr nach Paris zusammentraf.

Aber selbst wenn man alle diese Informationen zusammennimmt, ergibt sich keine vollständge Aufschlüsselung, und sie ist schließlich vom Autor auch nicht gewollt, um so weniger, als einige der Träume-Erzähler noch leben, wie zum Beispiel die junge Dichterin, die ihren Freund Georges suchte, oder die Prinzessin. So entschlossen wir uns also, nur die örtlichen Umstände zu klären und dem Leser Hinweise auf die an Nöten und Mühen so reiche Reise durch das besetzte Frankreich zu geben, und zwar in der authentischesten Form, die sich denken läßt: Die Witwe des Dichters hat uns freundlicherweise eine briefliche Schilderung zur Verfügung gestellt, die wir mit Dank beinahe vollständig abdrucken:

»Am 10. Juni 1940 verließen wir zu Fuß Paris. Unser Weg war: Étampes – Orléans – Vierzon – Châteauroux – Argenton. Wir kamen am 22. Juni in Limoges an. Es war ein Sonntag und der Tag der *Armistice.*

Nach einigen Wochen Flüchtlingslager fuhren wir nach Toulouse. Nach ungefähr einem Jahr schickte uns die Polizei nach St. Lys, in eine *résidence assignée.*

Szittya blieb wohl ein Jahr in St. Lys, ich nur zwei bis drei Monate, da die Kinderkolonie, in die unsere Tochter schon vor Weihnachten verschickt worden war, mich als Arbeitskraft anforderte. Es waren die amerikanischen Quäker, die sich dieser Gruppe von Emigranten- und ›politischen‹ Kindern annahmen. Sie schickten sie in das sehr protestantische ›Ardèche‹, erst nach Charmes, später dann in ein größeres Haus in St. Péray – ein kleines Städtchen, das durch eine Brücke mit Valence verbunden war (die die Deutschen später sprengten; so konnten die größeren Kinder nicht mehr ins Lycée nach Valence). Szittya brachte es fertig – mit Hilfe der Quäker – auch nach St. Péray zu übersiedeln, er wohnte aber privat in einem winzigen Häuschen unten im Städtchen.

Als Amerika in den Krieg eintrat, kam kein Geld mehr, und die Präfektur von Marseille übernahm die Kolonie. Damit wechselte fast das ganze Personal (das zum Teil aus versteckten Leuten bestand). Auch eine ganz andere Art von Kindern kam dazu. Ich konnte bleiben. Die Kolonie flog erst ganz auf, als die Deutschen auch dieses Haus beschlagnahmten. Jeanne [die Tochter] und ich zogen zu Szittya in sein kleines Häuschen.

Ich übergehe hier allerlei wichtiges, im allgemeinen und auch für uns. Und schließe diese Aufzeichnung mit Szittyas Zurückkehren in das bald darauf befreite Paris, wo er eine Verdienst- und Wohnmöglichkeit suchen wollte (Ende Oktober 1943). Es müssen furchtbare Monate für ihn gewesen sein, die er uns sorgfältigst verschwieg.

Freunde riefen mich im April 1944 nach Paris zurück. Szittya wäre am Kaputtgehen!

Sittya war immer ein Caféhausmensch gewesen und ist es auch immer geblieben. Er kannte die halbe Welt. Ich lebte immer etwas abseits. Sicher feststellen könnte ich nur wenige der Menschen, die ihre Träume erzählten. Andre erkenne ich, bin aber nicht sicher genug, um sie zu nennen.«

Paris
Étampes
Orléans
Vierzon
Châteauroux
Argenton
Limoges
St. Péray
ARDÈCHE
DRÔME
Toulouse